KB233817

그리스도에 길들여진 사람

호모 크리스챠니쿠스

호모 크리스챠니쿠스

펴낸 날 · 2012년 1월 15일 | **찍은 날** · 2012년 1월 10일
지은이 · 최윤영 | **펴낸이** · 김승태
등록번호 · 제2-1349호(1992. 3. 31) | **펴낸 곳** · 예영커뮤니케이션
주소 · (136-825) 서울시 성북구 성북1동 179-56 | **홈페이지** www.jeyoung.com
출판사업부 · T. (02)766-8931 F. (02)766-8934 e-mail: edit1@jeyoung.com
출판유통사업부 · T. (02)766-7912 F. (02)766-8934 e-mail: sales@jeyoung.com

copyright ⓒ 2011 최윤영
ISBN 978-89-8350-777-8 (03230)

값 10,000원

그리스도에 길들여진 사람

호모 크리스챠니쿠스

최윤영

예영커뮤니케이션

이영훈 목사 _생명의 샘가 발행인

마태복음 5장을 펼 때면 하나님 나라의 솟을대문을 여는 느낌이 듭니다. 거기엔 이어진 8칸의 행랑채가 있는데, 그중에 '온유'라는 방이 있습니다. 나는 그 방에 머물기를 즐깁니다. 온유한 자는 하나님에게 길들여진 사람을 뜻하기 때문입니다.

나와 최윤영 목사는 교회와 큐티사역인 '생명의 샘가'에서 7년을 함께했습니다. 처음 만났을 때 최윤영 목사님은 열정적인 젊은이었고 신속히 응답하는 사람이었습니다. 다듬어지지 않은 모습에 당황한 적도 있었지만, 주님께 길들여지는 모습이 아름다웠습니다. 그의 책에 담아 놓은 이야기처럼 작은 철 조각이 볼펜의 심이 되기 위하여 대형 원심기에 던져지는 것을 두려워하지 않았고 오랜 말씀 묵상으로 하나님과 동행하기 위하여 길들여져 갔습니다. 하나님께서 생마(生馬)를 잡아 길들이신 것입니다.

요즘 사람들은 남은 길들이기를 원하면서도 자신이 길들여져야 함을 잊습니다. 길들임은 시간이 걸리는 일입니다. 어린 왕자와 여우의 대화에

"너의 장미꽃을 그토록 소중하게 만든 건 그 꽃을 위하여 네가 소비한 시간이란다.'라는 말이 있습니다.

최윤영 목사의 『호모 크리스챤니쿠스』는 시간이 걸린 자신의 이야기이며, 하나님의 이야기입니다. 앞으로 더욱 행복한 이야기가 이어질 것입니다. 기대하셔도 좋을 것입니다.

최부수 목사 _한국국제기아대책기구 부회장

최윤영 목사는 책을 쓰는 전문작가는 아니지만, 끊임없이 자기를 쳐서 그리스도께 복종시키는 신실한 목회자입니다. 이 책의 제목처럼 "호모 크리스챠니쿠스"의 삶을 실천하는 젊은 목회자입니다. 본래는 있었으나 잃어버렸던 하나님 형상을 되찾으라고 강단에서 외치기 이전에 그는 스스로 실천하고 있습니다. 40년의 인생을 살면서 체득하고 연구하고 실험하고 확인하고 그러면서도 아직도 눈물로 씨를 뿌리는 저자의 진솔한 모습이 우리의 심금을 울리고 있습니다. 저자는 자신이 경험했던 일상의 삶을 통하여 모든 사람들이 '호모 크리스챠니쿠스가 되는 것이 하나님의 명확한 뜻이자 특별한 초대라고 말합니다. "논어를 읽기 전이나 읽은 뒤에 변화가 없다면 그는 논어를 읽지 않은 것이다.'라고 정자(程子)가 말한 것처럼 이 책을 통해서 독자들이 하나님께서 돌리시는 대형 원심기 속에서 그렇게 길들여지길 바랍니다.

차례

제 손에 볼펜 한 자루가 들려 있습니다. 직경이 0.7mm인 작은 볼이 볼펜 심에 박혀 부드럽게 돌아갑니다. 조금의 서걱거림도 없습니다. 볼펜을 쥘 때마다 궁금한 것이 있습니다.

'볼펜 심에 들어가는 둥근 볼은 어떻게 만들까?'

손이나 기계로 하나하나를 깎았을 리 없고, 대형 주물에 쇳물을 부어 만들었을 리도 없는데, 그 심으로 일정한 양의 잉크를 흰 종이 위에 원하는 대로 그려 넣습니다. 참 신기할 따름입니다.

지금 제가 들고 있는 볼펜은 그 유명한 '모나미 153'입니다. 이 볼펜의 이름에는 예수님의 유명한 제자였던 베드로의 이야기가 담겨 있습니다. 다른 사람은 모두 예수님을 버리더라도 자신만은 목숨을 걸고 예수님을 지킬 것이라고 호언장담했던 베드로. 그러나 예수님은 그의 말을 믿어 주지 않으시고 새벽닭이 울기까지 그가 자기를 세 번이나 부인할 것이라고 예언하셨습니다. 베드로는 그 말에 예수님을 야속하게 생각했을지도 모릅니다. 게다가 그는 예수님의 수제자였습니다.

하지만 베드로의 각오는 의외로 연약했습니다. 대제사장들이 보낸 사람들에게 예수님이 체포되자 예수님의 뒤를 몰래 따라가서 요한의 도움으로 야외법정까지 잠입했지만(요 18:15-16), 그곳에서 예수님을 부인하게 됩니다. 특히 마지막 세 번째로 부인할 때에는 하나님의 이름을 빌어 예수님을 저주하기까지 하였습니다(마 26:74). 물론 살기 위한 몸부림이었습니다. 드라마틱하게도 그때 새벽닭의 울음소리가 들려오고 법정에서 심문을 당하던 예수님이 베드로를 애잔하게 바라보셨습니다(눅 22:61-62). 베드로는 마음이 무너져 내려 밖으로 뛰쳐나가 통곡했습니다.

이후 예수님은 참혹하게 처형되셨고, 장사한 지 3일 만에 부활하셨습니다. 베드로는 황급히 달려가 부활의 현장을 확인하고, 부활하신 예수님을 만나기도 했으나 재기하지 못하고 갈릴리로 낙향했습니다. 그리고는 갈릴리 호수에서 다시 물고기를 잡았습니다. 예수님 앞에 다시 설 면목도, 용기도 없었기 때문이겠지요.

새벽녘까지 고기를 잡던 베드로에게 멀리서 배 오른편으로 그물을 던지라는 고함 소리가 들려왔습니다. 그물을 오른편에 던지자 그물에서 묵직한 느낌이 전해 왔습니다. 마치 깊은 곳에 그물을 던지라 하셨던 예수님과의 첫 만남처럼 말입니다. 그때 잡아 올렸던 생선이 153마리입니다. 그기가 막힌 상황에서 누가 물고기 마릿수를 세고 있었는지는 알 수 없지만, '모나미 153'은 당시의 일화를 담고 있습니다. 그래서 저는 '모나미 153' 볼펜을 볼 때마다 실패를 딛고 일어서게 하시는 하나님의 사랑을 기억합니다. 저뿐 아니라 많은 그리스도인들에게 '모나미 153'은 흐뭇한 볼펜입니다. 베드로를 만들어 가셨던 하나님이 모든 그리스도인들을 만들고 계시다는 사실을 상기시키기 때문입니다.

하나님은 그 후에도 베드로를 계속해서 만들어 가셨습니다. 하나님께서 친히 마련해 주신 몇 가지 사건을 거치면서 말입니다. 베드로는 갓 태동한 교회에서 가장 유명한 제자요, 가장 권위 있는 사도로 점점 완성되어 갔습니다. 그 사건들은 베드로를 향한 하나님의 배려요, 베드로만을 위한 하나님의 창의력이었습니다. 이와 같은 하나님의 배려는 지금도 모든 그리스도인에게 미치고 있습니다. 베드로를 새롭게 만들어 가시던 하나님의 독특한 창의력이 이제는 저에게 주어졌다는 것을 압니다.

얼마 전에 지인(知人)으로부터 볼펜 볼이 어떻게 만들어지는지 전해 들었습니다. 대략의 공정과정은 다음과 같습니다.

먼저 볼펜 볼의 원자재가 될 큰 철 덩어리가 있습니다. 이 철 덩어리를 볼펜 볼의 크기에 맞게 깍둑썰기를 합니다. 그 깍두기들을 대형 원심기에 넣고 초고속으로 돌립니다. 그러면 원심기 안에서 깍두기들은 서로 부딪히고 깎여서 볼펜에 들어가도 될 만큼의 동그란 모양이 된다고 합니다.

이 이야기를 들으면서 저를 만들어 가시던 하나님의 방법이 떠올랐습니다. 그동안 마주쳤던 깍두기들이 생각난 것입니다. 그들과 부대끼고 살면서 때로는 눈물 나게 아팠고, 가끔은 먹먹한 가슴을 쓸어내리기도 했습니다. 많은 경우에 배가 아프도록 웃었고, 가슴 뭉클해서 남몰래 눈물을 훔치기도 했습니다. 뿐만 아니라 미처 깎이지 못한 저로 인해 많은 이들에게 상처를 주었고, 적잖은 실망도 안겨 드렸습니다. 저 역시 그 수많은 깍두기 중의 하나였습니다.

하나님은 상상하지도 못할 만큼의 큰 원심기 속에서 각양각색의 깍두기들이 모여 살게 하셨습니다. 그리고 시간의 속도로 원심기를 돌리십니다. 그 원심기의 이름을 세상이라고 해도 좋고, 교회라고 해도 좋을 것입니다. 하나님은 그 안에서 깍두기들이 서로 깎아 주고, 깎이면서 각자의 연수대로 살게 하셨습니다. 원심기 안에서 마주쳤던 이들이 덜 깎여서 실망스러울 수 있고 짜증이나 분노가 일어날 때도 있었습니다. 물론 그 반대로 나로 인해서 다른 이들이 가졌던 부담감이나 참아 주었던 시간, 불편들도 있으니 말입니다. 어찌되었던 크게 보면, 살면서 만나던 각종 희로애락(喜怒哀樂)은 우리의 일이고 하나님의 일은 세상이라는 이름의 원심기를 돌리는 것입니다.

그렇게 흐르던 시간 속에서 하나님은 저 역시 둥글게 다듬고 계셨습니다. 정해진 자리에서 제게 맡겨진 일을 조목조목 해내며 잘 살게 하시려고 말입니다. 그러나 아직 저의 모습은 울퉁불퉁 엉망입니다. 만약에 지금 모양이 저의 마지막 모습이라면 그것은 끔찍한 일입니다. 제가 아직 하나님의 원심기 속에 있어 여전히 돌고 있다는 것이 천만다행입니다.

이 책은 하나님의 원심기 안에서 만났던 깍두기들의 이야기입니다. 그 안에서 제가 많이 변했듯이 그들도 최소한 저만큼은 변했을 것입니다. 그들과의 만남은 저를 향한 하나님의 창의력입니다. 그들은 저를 만들어 가시던 하나님의 독특한 계획이자 저만을 위한 하나님의 손길이었습니다. 저만이 이런 선물을 받은 것은 아닙니다. 하나님은 저를 귀히 만들어 가시는 만큼 이 땅의 모든 사람들 역시 소중하게 다루실 것이 분명합니다.

저는 이 땅에 태어나 정신을 차리고 보니 교회에 다니고, 예수님의 이름으로 기도하고 있었습니다. 처음에는 아무것도 모르고 시키는 대로 했습니다. 학습된 정도로 다니다가 하나님과 교회에 대해서 깊은 실망도 했습니다. 살아 계신 하나님이 지금 무엇을 하고 계신지 의심도 들었고, 하나님께 버림받았다는 느낌 때문에 오랜 시간을 괴롭게 보냈습니다. 교회 안에서 벌어지는 일들 때문에 나름 반항심을 가지며 살기도 했습니다.

그러나 지금은 하나님께 저의 마지막 것도 드리고 싶다는 즐거운 소원을 가지고 삽니다. 이 모든 것이 저절로 된 것은 아닙니다. 하나님께서 돌리시는 대형 원심기 속에서 저는 그렇게 길들여지고 있었습니다. 이러한 놀라운 변화는 제가 당혹스러워하지 않도록 아주 서서히 일어났습니다. 하나님은 그만치 저를 조심스럽고 존귀하게 대해 주셨습니다. 하나님의 섬세한 작업의 대부분은 내 옆을 스쳐 가는 깍두기를 통해서 일어났습니다. 제가 놀라지 않고 스스로 선택할 수 있도록 말입니다. 그들 속에서 웃거나, 울거나, 화를 내거나, 격려를 나누는 동안 아주 자연스럽게 그 작업은 진행되었습니다. 그래서 더욱 소중한 추억이 되었습니다. 그중에 몇 가지 이야기를 나누고 싶습니다. 나의 하나님을 소개하고 싶습니다.

2011년 겨울
최윤영

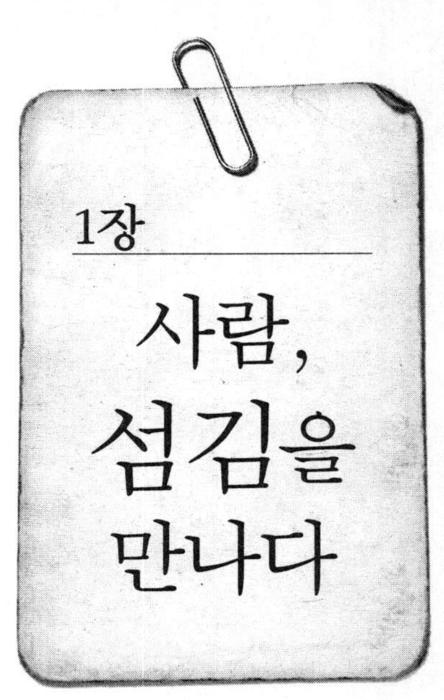

"헉! 큰났다. 큰났어."

잠에서 깨어난 것은 막 7시가 지나서였다. 떡 진 머리에 파자마 차림 그대로 눈뜨자마자 용수철처럼 벌떡 튀어 올라 내달렸다. 목적지는 교회였다. 우려했던 대로 예배당은 텅 비어 있었다. 새벽기도회를 마치고 모두 돌아간 것이다. 억울하고 분한 마음에 눈물이 글썽했지만 울지는 않았다. 그리고 생각했다. 나머지 시간에 절대 늦지 않고 모든 행사에 적극적으로 참가하겠다고 말이다. 그러면 내게도 자석필통을 줄 것이다. 여름성경학교 전야제 때 누가 그랬다. 이번 여름성경학교 동안 새벽기도를 포함해서 모든 예배에 빠지지 않고 출석하는 어린이에게는 개근상으로 자석필통을 준다고 말이다. 자석필통을 번쩍 들어 보여 주기까지 했다.

짱가가 인쇄되어 있고 지우개 넣는 칸이 따로 마련되어 있는 파란 빛깔의 자석필통은 나의 로망이었다. 특히 이번에 교회에서 주는 자석필통은 지우개를 넣는 칸과 연필을 넣는 칸 사이에 연필깎이가 붙어 있어 아주 편리하고 좋은 것이라고 했다. 나는 다른 무엇보다도 자석필통에 붙어 있는 짱가의 주인이 되어야 했다. "어디선가 누군가에 무슨 일이 생기면 우짜짜짜 짱가 엄청난 기운이 틀림없이 틀림없이 솟아난다."는 로봇 짱가 말이다.

내 또래로 보이는 사내 녀석이 펜던트를 밤하늘에 쳐들고 "짱가~" 하고 외치면 저 멀리 밤하늘에 별이 반짝하면서 짱가가 날아온다. 주인공의 머리 위에 쏜살같이 도착한 짱가는 가슴 정중앙에서 광선을 발사하여 주인공 녀석을 자신의 가슴속으로 받아들인다. 그러면 내 또래의 그 자식은 멋진 조종사로 변한다. 그리고는 엄청난 기운의 짱가와 함께 지구를 또다시 구해 낼 것이다.

언제였던가, 짱가를 불러내는 펜던트를 문방구에서 샀다. 그리고 그날 밤 펜던트를 들고 남몰래 옥상으로 올라갔다. 그리고 펜던트를 쥔 오른손을 하늘 높이 쳐들고 진심으로 짱가를 외쳤다. 그랬더니 정말 저 하늘 끝에서 별 하나가 반짝 하는 게 아닌가. 나는 놀라움과 감격에 그 반짝이던 별을 바라보았다. 계속 바라보았다. 그런데 뭔가 움직이고 있는 것 같긴 한데 영 내게로 다가오지는 않았다. 한 곳을 너무 오래 보고 있어 눈이 따가워졌고 눈물도 찔끔 났다. 다리가 아플 정도로 한참을 서서 기다렸다. 그것으로 끝이었다. 짱가는 끝끝내 내게로 오지 않았다. 짱가에게 버림받고 한참을 억울해 했다.

'결국 내게는 지구를 구할 기회가 주어지지 않는구나….'

사실 내가 상대해야 할 적이 누군지도 모르면서 낙심하여 옥상에서 내려왔다. 비록 자석필통에 붙어 있는 것이지만 그런 사연이 있는 짱가를 난 반드시 차지해야 했다. 그랬건만 첫날 새벽기도회부터 결석을 하고 말았다. 깨웠는데도 일어나지 않았다는 엄마의 구차한 변명 따윈 들리지도 않았다. 하지만 그런다고 해결될 일이 아니라는 것 정도는 알았다.

엄마도 분명히 그랬고, 내 생각에도 마찬가지였다. 남은 시간 새벽예배를 비롯해서 모든 예배시간에 한참을 일찍 가서 기다리고, 모든 행사에 열심히 참여하고 전도사님의 말씀도 눈알이 터지도록 잘 들으면 쌍가필통을 받게 될 것이다. 그리고 엄마의 조언처럼 기도시간마다 그 필통을 갖고 싶다고 간절히 기도했던 터라 하나님께서 응답이라는 걸 해 줄 것이라 믿었다. 의심하면 안 된다기에 철석같이 믿었다.

드디어 기다리고 기다리던 폐회예배 날이 되었다. 폐회예배 후에는 시상식이 거행될 것이다. 나는 잔뜩 부풀어 오른 기대감에 시상식을 맞이했다. 그렇지만 내게 있던 희망은 고스란히 절망이 되었다. 내게 그 필통을 주지 않은 것이다. 모든 일은 무자비한 법대로 처리되었다. 내게도 필통을 달라고 떼라도 쓰고 싶었지만 순식간에 상황은 종료되었고 그럴 기회조차 없었다. 모든 순서를 마치고 주기도문이 끝나자마자 아무 말도 하지 않고 후다닥 집으로 돌아왔다. 애꿎은 엄마에게 화풀이를 하고 다음부터 유치부 예배에 나가지 않겠다고 소릴 질렀다. 아예 교회에 가지 않겠다고 꼬장을 부렸다. 나의 변은 이랬다.

"다른 애들은 다 주면서 나만 필통을 안 주잖아!"

정말로 교회에 발길을 끊었다. 나는 교회에 가지 않는다고 회초리를 들이대던 엄마에게 맹렬한 울음으로 저항하며 근 3주를 버티다가 다시 교회를 다녔다. 맞는 것이 무섭거나 아파서 교회를 간 것이 아니다. 실마리는 엉뚱한 곳에서 풀어졌다.

폭풍우가 몰아치던 토요일 밤으로 기억된다. 한쪽 다리가 불편했던 한 아저씨가 쌀집에서나 보던 커다란 짐 자전거를 끌고 우리 집에 오셨다. 그 아저씨는 대문 밖에서 검은 비닐봉투를 하나 내밀고 가셨는데, 그 안에는 놀랍게도 자석필통이 들어 있었다. 엄마의 독촉에 "감사합니다.'라고 허둥지둥 인사를 하고 설렌 마음을 안고 방으로 뛰어 들어갔다.

역시나 파란색 바탕에 여 보란 듯이 짱가가 힘자랑을 하고 있었다. 비록 밤하늘을 날아 나에게 오지는 않았지만 폭풍우를 뚫고 나를 찾아온 짱가였다. 비에 젖어 빗방울이 서렁서렁한 필통을 보면서도 물기어린 필통에서 다른 의미는 알지 못했다. 그저 필통 하나에 지난 3주간의 억울한 마음이 보상되었다는 희열만 있을 따름이었다.

다음날 아침 나는 부리나케 밥을 먹고 교회에 갔다. 물론 간밤에 받은 필통을 오른손에 쥐고 짱가와 함께 날아서 갔다. 짱가의 만화 주제곡을 목청껏 부르면서 말이다. 감동적이었다.

"어디선가 누군가에 무슨 일이 생기면 우짜짜짜짜 짱가 엄청난 기운이 ~ 틀림없이 틀림없이 생겨난다. 지구를 위해 힘써 싸워라~ 씩씩하게 용감

하게 짱가 짱가 우리들의 짜앙가~."

마치 내가 짱가가 된 양 장애물이 있으면 공중곡예를 하듯 피하기도 하고, 적이 나타나면 쳐부수면서 날아가 보란 듯이 교회에 도착했다. 짱가를 옆에 차고 유치부 예배실에 들어섰다. 오랜만에 교회에 온 나를 반겨 주는 선생님은 안중에도 없었다. 내 옆구리에 자랑스레 끼워져 있는 짱가 필통을 부러워하는 친구들만 있었다.

친구들 앞에서 짱가를 손에 들고 짱가의 비행을 그럴싸하게 흉내 내었다. 주변의 친구들이 맞장구를 쳐주었다. 흉내는 자기가 더 잘 낸다고 나대는 애도 있었다. 그래봤자 아무 소용이 없다. 그 녀석에게는 짱가 필통이 없으니 말이다. 이 필통을 어떻게 가지게 되었는지는 아무에게도 말하지 않았다. 중요한 것은 내게 필통이 있다는 것이었고 친구들이 부러워한다는 사실이었다. 그것이면 족했다.

제가 일곱 살 어간에 있을 때에 많은 일이 있었을 텐데 생각나는 일이 별반 없습니다. 하지만 짱가필통 때문에 교회에 가지 않았던 일은 생생합니다. 아무도 저에게 그 일이 부끄러운 것이라고 말해 주지 않았습니다. 하지만 언제부턴가 그것이 창피한 일이었다고 느끼기 시작했습니다. 그리고 단순한 부끄러움을 넘어서 짱가필통이 품고 있는 다른 의미를 생각해 보았습니다.

저는 공중화장실을 이용할 때마다, 별다르게 할 것도 없어서 벽에 붙어 있는 격언들을 유심히 보는 편입니다. 그중에 서울 지하철 연신내역 근처에 있는 한국방송통신대학 화장실에서 본 마르셀 프루스트(Marcel Proust)의 말이 생각납니다.

"진정 무엇인가를 발견하는 여행은 새로운 풍경을 바라보는 것이 아니라, 새로운 눈을 가지는 데 있다."

이 공감어린 글귀를 읽으니, 짱가필통을 다시 생각하게 됩니다. 필통에 붙어 있는 로봇의 그림이 아니라, 필통에 묻어 있던 빗방울 때문에 모든 것이 새롭게 다가옵니다. 그 빗방울에는 어린 영혼을 생각하는 한 사람의 가슴 깊은 사랑이 배어 있기 때문입니다.

새로운 눈을 갖자, 토요일 저녁 비바람을 헤치고 일곱 살 아이를 찾아왔던 그분께 진심으로 감사한 마음이 들었습니다. 그러나 감사의 뜻을 전하기는커녕 그분의 얼굴도 모르고 존함은 더더욱 생각나지 않습니다. 전도사님이었을 것도 같고 선생님이었을 법도 합니다. 그는 자신과는 아무 상관도 없을 일곱 살 사내아이의 영혼을 귀히 여기던 분이었습니다. 필통을 들고 예배당에 들어선 어린아이가 그분께 큰 선물이 되었기를 바랍니다. 다른 아이들 앞에서 필통을 자랑하던 모습이 그분에게 잠시의 웃음을 선사했기를 바랍니다.

저는 그분이 어떤 분인지 알지 못하지만 그곳에 참 스승이 계셨다는 사실은 분명히 깨닫고 있습니다. 폭풍우를 뚫고 와서 검은 봉투를 건네는 투박한 영상 한 컷은 어떤 사람이 참 선생인지를 제게 가르쳐줍니다. 익명의 선생님은 제가 어떠한 사람이 되어야 하는지 밑그림이 되어 주셨습니다. 부끄럽지만 짤막한 이 고백이 그분을 높여 드릴 수 있었으면 좋겠습니다. 그리고 어린 시절 참 좋은 선생님의 기억을 주신 하나님과 교회에 감사드립니다. 초등학교를 졸업하기 직전에 떠나야 했던 그 교회는 부산의 반송서부교회였습니다. 그런 선생님이 계신 교회는 참 축복받은 곳입니다.

저도 지금 교회에 다니고 있습니다. 교회에서 사람들을 가르치는 직분도 가지고 있습니다. 제가 있는 교회도 저로 인해서 어린 시절의 교회만큼 행복한 곳이었으면 좋겠습니다. 하지만 실상은 제가 받은 사랑에 한참을 미치지 못합니다. 얼마 전 교회에서 초등학교 2학년짜리 여자아이가 말을 걸어왔습니다. 아빠가 미국에 돈을 벌러 갔다는 것을 자랑하던 아이입니다. 지금은 엄마랑 살고 있습니다.

"오늘은 기분이 조금 우울해요."

종종 목을 휘감고 그네 타듯 매달리며 이야기를 걸어와서 짜증스럽게 여기던 아이였습니다. 떼어 놓을 심산으로 다음과 같이 말해 주었습니다.

"그러면 저 매봉산까지 걸어갔다 와. 그럼 기분이 풀릴 거야."

"매봉산은 너무 힘들어요. 날도 얼마나 더운데…."

"그래? 그건 네가 아직 기분이 덜 나빠서 그래. 좀 내려와 봐. 힘들어."

그날 저녁 그 아이가 우울하다고 말한 이유를 전해 들었습니다. 미국에 돈 벌러 갔다는 아빠가 사실은 돌아가셨다는 얘기를 들었던 것입니다.

얼굴이 화끈 달아올랐습니다. 나는 어렸을 때에 나의 선생님께 이런 대접을 받지 않았습니다. 그럼에도 불구하고 어리고 귀찮다고 한 아이를 참 무정하게 대한 것입니다. 참 배은망덕(背恩忘德)한 짓입니다.

저는 지금 구차한 마음을 품고 있습니다. 그 아이가 커서 지금의 일을 기억하지 못하기를 바라는 마음입니다. 참 슬픈 소원입니다. 다행스럽게도 그 친구가 나보다 성심이 좋았습니다. 몰라서 미안하다는 말에 그 친구가 이렇게 대답했습니다.

"네? 그러면 대신에 아이스크림 사 줄 거죠?"

미안한 마음을 씻고 싶어서 아이스크림을 하나 사 주었습니다. 그리고 좀 더 좋은 선생이 되고 싶다고 생각했습니다. 어린 영혼 하나라도 깊이 섬기는 참 목자가 되고 싶다고 다짐했습니다. 어린 시절에 만났던 그 선생님처럼 말입니다.

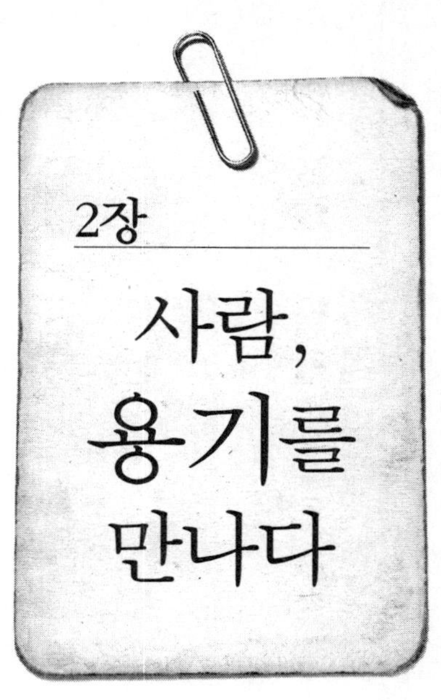

어렸을 적 우리 집에는 이야기 성경전집이 있었다. 양장본에 간간이 흑백 그림까지 그려져 있는 책이었다. 내가 초등학교에 들어갈 즈음에는 그 책을 더듬더듬 읽기 시작했다. 소설형식으로 꾸며져 있었지만 글씨가 세로로 적혀 있어, 한 줄을 다 읽은 후에 다음 줄을 찾기가 힘들었다. 내용도 그리 쉽지는 않았다. 하지만 성경책보다는 낫다 싶어 심심할 때마다 손가락을 짚어가며 읽곤 했다. 총 10권짜리 성경책의 제 1권은 천지창조에 대한 내용으로 시작되었는데, 다음과 같이 기록되어 있었던 것으로 기억된다.

"세상의 처음에 하나님이 천지를 만드셨습니다. 그리고 하나님께서는 아담을 흙으로 빚어 만드셨습니다. 그리고 특별히 그에겐 에덴이라는 동산을 만들어 주어 행복하게 살게 하셨습니다. 하지만 에덴동산에는 절대로 어겨서는 안 되는 법이 있었습니다. 그것은 동산의 중앙에 있는 무화과나무는 절대로 따 먹지 말라는 것이었습니다."

내가 초등학교 4학년이 되었을 때에 어찌어찌하다 부산의 망미동으로 이사를 가게 되었다. 그러나 나에게 이사는 그리 좋은 일이 되지 못했다. 첫날부터 그 동네의 텃세에 시달려야 했기 때문이다. 가장 먼저 그 동네 꼬붕인 희철이라는 아이와 시비가 붙었다. 건들건들거리던 희철이는 그리 세지 않은 아이라서 싸움은 싱겁게 끝이 났다. 하지만 희철이와의 주먹질은 비극의 시작에 불과했다. 왜냐하면 그 동네 골목대장과의 결전이 기다리고 있었기 때문이다.

그 동네 골목대장은 함동대라는 두 살 위의 형이었다. 나보다 머리 하나는 더 있었고 얼핏 보면 중학생 같았다. 하지만 5학년이란다. 동대 형은 다부진 체격에 얼굴이 우락부락해서 척 보기에도 범상치 않았다. 특히 혹인 필이 나는 외모의 존재감은 대단했다. 그가 불끈 쥔 주먹은 한 대 맞았다간 골로 가겠다는 생각이 들 정도로 무시무시했다. 나중에 들은 이야기지만 동대 형은 중학생과도 싸워서 이긴 전적(戰績)도 있었다. 희철이와의 일로 인해서 이런 무지막지한 싸움기계와 맞장을 떠야 했다. 끔찍했고 피하고 싶었다.

그러나 여기서 밀리면 딴 동네로 이사 가기 전에는 끝이라는 걸 알았기에 악착같이 물고 늘어졌다. 밀리는 힘에도 불구하고 꽤 선전을 하고 있을 즈음 갑자기 눈앞이 번쩍하더니 코끝이 얼얼해 왔다. 예나 지금이나 애들 싸움에 코피는 치명타이다. 아무튼 어린 마음에 피를 보자 눈물이 왈칵 쏟아지려 했지만 이왕 진 싸움에 울음까지 터뜨려 가며 추하게 끝내고 싶지는 않았다. 그래서 쏟아지려는 눈물을 꾹 참고 두 눈을 부릅뜨고 함동대를 쳐다보았다. 두 주먹 불끈 쥐고 몸만 바르르 떨고 있었다. 터진 쌍코피로 온몸이 피투성이어서 그런지 싸움은 더 이상 이어지지 않았다. 내가 심하게 애처롭게 보였던지 아니면 처음부터 사생결단(死生決斷)을 목적으로 한 싸움은 아니었고 살짝 군기를 잡거나 간을 볼 목적이었기 때문일 것이다.

얻어 낸 소득도 있었다. 다른 아이들처럼 떡실신이 되지도 않았고, 도망치거나 울지도 않았다는 점이 인정되었던 것이다. 동대 형은 말했다.

"뱀굴 시험 통과하면 2등 꼬붕자리 준다!"

나는 영문을 모른 채 서 있었다. 아이들이 놀라 긴장하는 모습도 보지 못했다. 엉거주춤 서 있던 나에게 동대 형이 어깨를 밀치며 재촉했다.

"얼른 가자! 이번이 마지막 기회대이~."

우리는 꽤 먼 길을 걸어 농아인들이 다닌다는 학교를 지나갔다. 농아인들에게 잡히면 학교 지하실로 끌려가 발가벗고 3일을 맞아야 한다고 했다. 그것도 지하실에서 말이다. 말을 할 수 있는 사람에 대한 처절한 복수를 하는 것이라고 쑥덕거렸다. 앞서 가는 아이들의 소리를 듣고 보니 아무도 없어 조용한 학교가 더욱 음산해 보였다. 걸음을 재촉하여 위험지역을 서둘러 벗어났다. 앞에 아카시아나무로 뒤덮인 산이 나왔다. 작은 오솔길을 따라 산으로 들어섰다. 끙끙거리며 중턱까지 오르니 큰 바위가 하나 나타났고 그 아래에 주먹만 한 굴이 있었다. 바로 뱀굴이었다.

"여기에 가만히 앉아 있으면 뱀이 지나갈 끼야. 그때 뱀 꼬리를 잡아야 된다! 알긋나?"

내가 제일 싫어하는 것이 뱀이다. TV에서도 뱀이 나오면 채널을 다른 곳으로 돌릴 정도다. 너무 징그러웠고 또 아담을 속인 장본인이라는 일종의 원한도 있었다. 그러나 허스키한 동대 형의 목소리에는 사람이 거역할 수 없게 만드는 힘이 있었다.

아이들은 저만치 물러가 있었고 동대 형은 바위 위에 산신령처럼 앉아서 무심한 표정으로 나를 내려다보았다. 한참을 기다렸다. 그런데도 뱀은 지나가지 않았다. 이제 곧 해도 뉘엿뉘엿 지고 있었다. 모두들 지겨워했다. 하품을 하는 놈들도 있었고 동대 형의 눈매도 많이 쳐지고 있었다. 속으로 다행이라고 생각했다. 그때였다.

"쉿! 저기."

동대 형이 뱀굴이 아닌, 오른편 풀숲을 가리켰다.

'이런 맙소사 뱀이다.'

새끼손가락 정도의 굵기에 길이는 40-50cm 정도로 보이는 검은 빛깔의 뱀이었다. 아이들은 뒤에서 독사라고 수군거렸고, 어떤 아이들은 살모사라고도 했다. 뱀의 종류는 서로 다르지만 오늘 내가 잘못 걸렸다는 뜻이었다. 가슴이 철렁 내려앉았고 등에서는 식은땀이 났다. 동대 형은 주저하고 있는 나에게 실눈을 뜨고 인상을 썼다. 그리고 턱으로 뱀쪽을 가리켰다. 뱀보다 무서운 얼굴이었다.

나는 몸을 웅크리고 속으로는 제발 도망가라는 메시지를 보내면서 뱀에게 살살 다가갔다. 그러나 모든 인간의 원수인 뱀이 내 소원을 들어줄 리가 없었다. 뱀은 넋을 놓고 햇볕을 쬐고 있었다. 떨리는 손을 천천히 뱀쪽으로 가져갔다. 그리고 덜컥 뱀의 꼬리를 잡아챘다. 그 순간 난 분명히 보았다. 뱀이 입을 쫘악 벌리며 내 손으로 번개같이 달려드는 것이다. 송곳같이 날카로운 이빨도 보였다.

"으악!"

비명을 질렀다. 정신이 없었다. 그리고 정신을 차려 보니 나는 오른손으로 뱀 꼬리를 잡고 빙글빙글 돌리고 있었다. 마치 명절에 쥐불놀이를 하듯이 말이다. 어떻게 된 영문인지 나도 몰랐다. 뒤편에서 아이들의 탄성 소리가 들렸다. 동대 형은 자리에서 일어섰다.

문제는 그 다음이었다. 거기에 모인 사람 모두가 이제 어떻게 해야 할지를 몰랐다. 아이들은 계속 뱀을 돌리는 나를 빙 둘러싸고는 날 피해 다녔다. 동대 형도 마찬가지였다. 나보고 저리 가라고 소리만 질러 댔다.

힘은 점점 빠지면서 팔이 아파 왔다. 돌아가던 속도가 점점 늦춰졌다. 그러자 막대처럼 뻗어 있던 뱀의 몸이 휘더니 대가리가 서서히 내 손으로 향하기 시작했다. 나는 놀라서 다시 비명을 질렀다.

"어~이!"

그리곤 좀 더 힘껏 필사적으로 뱀을 돌렸다. 눈물이 났다. 어떻게 해야 하나 막막했다. 그때 성경전집에서 읽은 내용이 스쳐 지나갔다. 뱀의 머리가 박살이 날 것이라고 하는 내용이었다. 등대 형이 앉아 있던 바위가 눈에 들어왔다. 서서히 바위에 가까이 다가갔다.

틱, 틱, 틱.

아팠는지 뱀은 몸을 웅크렸다. 하지만 돌아가는 원심력을 배겨 날 수는 없었다. 잠시 후 뱀의 몸에서 힘이 쭈욱 빠지는 느낌이 났다. 흐물흐물거렸다. 그도 그럴 것이 뱀 대가리가 바위에 부딪혀 으깨지고 있었다. 그래도 불안해서 더 세게 돌렸다.

텍, 텍, 텍.

이제 뱀의 몸은 그냥 허공에서 나풀나풀거렸다. 머리가 박살이 나서 죽은 것 같았다. 뱀을 하늘 높이 날렸다. 뱀은 흐물흐물 나무 뒤편으로 날아

갔다. 아이들의 환호성이 울렸고, 동대 형은 내 어깨를 감싸 쥐었다. 그리고 든든하게 흔들어 주었다. 그날부터 나는 희철이 대신 꼬붕자리에 앉았다. 나 대신 동네 아이들의 공적이 된 것은 사람을 알아보지도 못하고 걸떡된 희철이였다.

나는 조직의 우두머리인 동대 형님에게 충성을 보이며 용감무쌍하게 내 위치를 다져 가기 시작했다. 한 3개월 동안 동대 형의 카리스마에 눌려서 별짓을 다했다. 가게에서 아이스크림도 훔치고, 지나가는 여자아이들 치마를 들치기도 했으며, 동대 형에게 밉보인 아이의 집에 돌을 던지고 도망치기도 했다. 그런 일들이 나름대로 재미도 있었지만 무엇보다도 동대 형에게 인정받으려는 나름의 치기였다.

그러던 어느 날이었다. 동네 아이들과 그날 오후의 짜릿한 놀 거리에 대해 이야기를 하고 있었다. 그때 일이 터졌다. 동대 형이 희철이네 무화과를 서리하러 가자는 것이다.

'뭐? 무화과?'

동대 형은 자기 말을 거부하는 사람에게 인정사정을 봐 주는 스타일이 결코 아니었다. 그런데 그 동대 형이 하나님이 따 먹지 말라 하신 무화과를 따 먹으러 가자 하니, 난 엄청난 갈등에 휩싸였다.

그러나 갈등은 잠시였다. 아무리 동대 형이 무섭더라도 무화과나무를 서리할 수는 없다고 생각했다. 하나님은 동산의 모든 실과는 다 먹을지언정 동산 중앙에 있는 무화과나무는 절대 먹지 말라고 하셨다. 먹으면 죽을 것이라고 경고까지 하셨다. 그래도 나는 교회에 다니는 사람이 아니던가. 그래서 이번 일은 절대 반대라고 동대 형님에게 맞섰다.

“행님아! 그래도 이건 아이지! 무화과는 하나님이 먹지 말라 했다 아이가~.”

아담이 뱀의 속임수에 넘어가 무화과를 따 먹고 당한 일을 내 딴에는 꽤나 설득력 있게 설명했다. 그러나 교회에 다니지도 않는 동대 형에게 내 말이 통할 리가 없었다. 동대 형의 마지막 한마디는 나의 모든 주장에 결정적인 한방을 먹였다.

“여가 에덴동산이가?”

그렇지만 무화과는 같은 무화과라고 버티는 나에게 겁쟁이라는 놀림이 쏟아졌다. 동대 형은 계속 고집을 피울 거면 희철이에게 꼬붕자리를 돌려주라고 으름장을 놓았다. 이에 한 술 더 떠서 주변의 아이들은 계속해서 고집을 피운다면 동대 형과 맞장을 뜨는 수밖에 없다고 협박하기 시작했다.

결국 내키지도 않는 싸움이 벌어졌다. 동대 형 하나를 상대해도 질 것이 뻔한데, 한꺼번에 여럿을 상대하다 보니 일방적으로 얻어맞는 처지가되었다. 그리고 얼마 못 가 울음을 터뜨리고 말았다.

'무화과는 하나님이 먹지 말라고 했단 말이야…, 나쁜 시키들아!'

그날 절뚝거리며 돌아오는 길은 유난히 멀었다. 온몸이 욱신거렸고 구역질도 났다. 그러면서 괜스레 무화과를 따 먹지 말라는 하나님의 뜬금없는 명령이 원망스러웠고, 많고 많은 나무 중에 하필이면 무화과나무를 키우는 희철이네도 미웠다. 그리고 무엇보다 억울했다. 나름 의로운 싸움을했는데도 영락없이 졌으니 현실은 영화와는 정말 다르다고 생각했다.

하지만 자신이 하지 말라고 한 일을 시킨 동대 형을 하나님이 복수해줄 것이라 믿었다. 그래도 마음 한구석에는 뿌듯함이 있었다. 아담도 하지못한 일을 내가 해냈으니 말이다. 하나님에 대해 의리를 지켰다는 의젓함이 새록새록 느껴졌다. 더욱이 그깟 뱀이 꼬시는 말 정도가 아니라 함동대의 무시무시한 주먹에도 넘어가지 않았으니 말이다.

집으로 돌아와 엄마에게 이번 싸움의 변명을 필사적으로 늘어놓았다.집에서까지 얻어맞고 싶진 않았고, 아무리 생각해도 이번 싸움은 분명히의로운 명분이 있었기 때문이다. 엄마는 하나님을 들먹여 가며 변명을 늘어놓는 나를 보시고 꽤나 크게 웃으시며 말씀하셨다.

"그래, 그래. 니 커서 훌륭한 목사님 되거라."

무화과 사건 후에 희철이와 나는 잠깐이지만 단짝이 되었다. 희철이가나를 배신하고 다시 동대 형의 수하로 들어가기 전까지 말이다. 그래서 한동안은 늘 비어 있던 희철이네 집에서 놀았다.

어느 날이었다. 새 나라의 어린이들은 일찍 자고 일찍 일어나야 한다는

TV의 근엄한 꾸중을 듣고 집을 나섰는데, 희철이랑 인사를 하고 돌아선 직후 갑자기 소변이 마려웠다. 주변은 어두웠고 집까지의 거리는 꽤 있었다. 다시 희철이네로 들어가 화장실을 쓰겠다고 말하기도 그렇고 해서 희철이네 앞마당 구석으로 갔다.

속 시원히 볼 일을 보고 있는데, 문제의 무화과 열매가 머리 위에 대롱대롱 매달려 있었다. 무화과를 뚫어져라 쳐다보았다. 툭 터진 밑둥으로 시뻘건 설탕물이 흘러내릴 듯했다. 무화과 열매를 제대로 본 것은 이때가 처음이었다. 참 탐스러웠다. 꼭 성경에 나오는 것처럼 "먹음직도 하고 보암직도 하고 지혜롭게 할 만큼 탐스럽기까지 한 나무"였다. 무화과를 보면서 뿌듯한 마음이 들었다. 왜냐하면 나에게 무화과는 믿음을 지켜 냈다는 훈장과도 같았기 때문이다. 검붉은 무화과가 힘써 믿음을 지킨 내게 말했다.

"그간 수고했네. 시험은 끝났으니 이제 날 먹게…."

잘 익어 말랑말랑해진 무화과는 손을 대자마자 툭하고 손아귀에 굴러 들어왔다. 단물이 줄줄 흐르는 무화과를 크게 한 입 베어 물었다. 이보다 더 맛있는 음식이 또 있을까? 비교할 수 없이 우아한 향기가 줄줄 흘러내리는 무화과 단물을 타고 입가에서 온몸으로 번져갔다. 그리고 누군가 속삭였다.

'너 동대 형에게 왜 맞았니?'

창세기의 아담과 하와도 그랬을까? 갑작스레 두근두근 가슴이 뛰었다. 그것은 부끄러움과 창피함이었다. 별안간 이건 희철이에게도 하나님에게도 참 부끄러운 짓이라는 생각이 들었다. 그리고 이건 도둑질이라는 생각이 들었다. 하나님도 칠칠맞은 놈이라고 손가락질하는 것 같았다.

그날 밤 간질거리는 입술을 이빨로 긁으며 굳게 각오했다.

‘내 다시는 무화과 묵나 봐라.’

그리고 뭔가 이상하다는 생각이 들기는 했다.

‘우리 집 성경전집에 나오는 무화과는 왜 사과모양일까?’

아마 무화과 열매를 본 적도 없는 사람이 그린 것이라고 생각하며 잠이 들었다.

지금은 저도 안답니다. 하나님이 아담에게 먹지 말라고 하신 건 무화과가 아니라 선악과입니다. 정확히 "선악을 알게 하는 나무"입니다. 지금은 있지 않은 나무입니다. 뭔지도 모르니 그림책에는 선악과를 죄다 사과모양으로 그려 놓았습니다. 우리가 아는 범위에서 가장 먹음직하고 탐스러운 열매가 사과인 모양이지요.

다시는 무화과를 먹지 않겠다는 무식한 다짐은 지금까지 지켜지고 있습니다. 아주 가끔 과일가게에서 파는 무화과를 발견합니다. 그러면 피식 웃으며 남모르게 뿌듯해 합니다. 여전히 나의 훈장같이 보이기 때문입니다. 희철이네 집에서의 일은 애써 잊어버리고서 말입니다. 그런데 간혹 그 웃음이 쓰다고 느끼곤 합니다. 제가 아주 복잡해졌기 때문입니다. 무화과를 보고 있으면 이것저것 생각하고 따지다가 단순한 원칙을 놓치며 사는 제가 측은하다는 생각이 듭니다.

지난 28년의 시간이 흐르는 동안 저는 더 많은 것을 갖게 되었답니다. 성경에 대한 지식은 비교할 수 없을 만큼 많이 알게 되었고, 저의 신앙과 마음을 고백하는 찬송가도 많이 알아서 때에 맞게 부를 수 있습니다. 상황에 적절하게 마음도 위로하고, 신앙도 고백할 수 있습니다. 기도도 많이 합니다. 아마 당시의 저는 밥 먹기 전에 했던 3초짜리 기도가 제가 스스로 하는 기도의 전부였을 것입니다. 게다가 지금은 동대 형과 싸워도 지지 않을 만큼 힘도 세졌고 키도 많이 자랐습니다. 아니, 싸우지 않고도 문제를 해결하는 웬만한 방법들도 압니다. 그런데 허전합니다.

어릴 적에 저는 무식하고 단편적인 지식을 들고 세상과 싸웠습니다. 매사에 의롭고 공평했던 것은 아닙니다. 하지만 내가 아는 한 지식을 지켜내기 위해서 세상과 맞설 용기가 있었습니다. 그러나 지금은 여러 이유로 인해서 용기를 내지 못할 때가 많습니다. 때로는 예의 때문에, 때로는 조직의 문화나 다른 사람과의 관계를 생각해서 참습니다. 많은 경우에는 그저 다툼과 문제의 중심에 서고 싶지 않아서 자리를 비켜서기도 합니다. 그것이 더 지혜롭고 성숙한 선택이라고 자위하면서 말입니다. 그래서 허전합니다. 그러면서 많은 것을 얻을 수 있었지만 이런 것들을 얻는 동안 소중한 것을 잃어버린 느낌을 지울 수가 없습니다. 지금 내 앞에 놓인 또 다른 문제들과 불의 앞에서 더욱 그렇습니다.

오늘날 내 머리 위에서 대롱거리는 또 다른 무화과도 생각해 봅니다. 죄악에는 분명히 착시 현상이 있는 것 같습니다. 죄의 착시 현상은 선악과가 하와에게 거역할 수 없는 유혹을 발휘하게 하고, 물욕에 빠진 롯에게는 죄악의 성인 소돔을 여호와의 동산같이 보이게 하며(창 13:10), 음란의 죄에 빠진 다윗에게는 어두운 저녁, 왕궁에서 멀리 떨어진 곳에서 목욕하고 있는 다른 사람의 아내를 아름다워 보이게 합니다(삼하 11:2). 게다가 다윗이 보낸 전령이 그 여인은 "엘리암의 딸이요 헷사람 우리아의 아내 밧세바"라고 전하는데도 말입니다. 그 말 이면에는 '그러니 범하지 말라.'는 하나님의 경고가 서려 있었습니다. 게다가 우리아는 다윗의 충성스런 부하였습니다. 그럼에도 불구하고 이 모든 것이 다윗에게 미친 죄의 착시 현상 속에서 묵살되었습니다.

아담과 하와, 롯, 다윗이 가지고 있던 아주 기초적인 지식들이 무너짐과 동시에 그들의 삶이 황폐해졌습니다. 아담과 하와는 에덴동산에서 쫓겨났고, 인간 세상에 죽음과 각종 비극이 찾아왔습니다. 롯은 소돔성이 멸망을 당할 때 전 재산과 아내를 잃었고, 숨어 들어간 산속에서 두 딸을 잃은 것이나 다름 없습니다. 가장 인기 있던 왕 다윗은 모든 민심에서 버려졌고, 자신의 아들 압살롬이 반역을 일으켰을 때 아주 소수의 사람만이 다윗 옆에 남아 있을 정도였습니다. 더욱이 그의 집안에는 성적인 타락과 범죄가 끊이지 않게 되었습니다. 이 모든 것이 죄가 가져다주는 착시 속에서 무너진 작은 지식 하나에서 비롯되었습니다.

지금 나의 주변에 일어나는 여러 일들이 이 착시에서 자유롭다고 말할 자신이 제게 없습니다. 죄의 착시에서 자유로운 것이 있다면 그것은 오직 하나님의 말씀이 유일할 것입니다. 그런데 그 말씀을 해석할 때에는 또다시 사견이 개입될 수밖에 없으니 답답한 마음이 듭니다. 그래서 되도록 문자적으로 말씀에 접근하고 싶다는 열망을 느낍니다. 그저 하나님의 말씀에 그렇다고 하면 그런 것으로, 아니라 하면 아닌 것으로 받아들이고 싶습니다. 그렇게 단순하게 받아들이면 되려니 하지만 사실 이마저도 쉽지 않습니다. 그래서인지 28년 전 서러운 눈물 속에 절뚝거리며 집에 가던 열 살난 사내아이가 자꾸만 보고 싶습니다.

다행히도 최근에 단순한 기준이 하나 생겼답니다. 제가 내리는 결정에 대해서 설명이 길어진다면 다시 생각해 보는 것입니다. 많은 경우에 하나님의 말씀에 아니라고 하는 것을 맞는다고 하려 하니 설명이 길어지고 하나님의 말씀이 그렇다고 하는데, 아니라고 믿고 싶어지니 변명이 장황해지는 것을 느꼈기 때문입니다. 그래서 하나님의 말씀 앞에서 모든 것이 간단하고 선명하게 설명된다면 그것은 의로운 선택이라고 믿게 되었습니다.

이러한 고민에는 '하나님의 말씀을 따라서 단순하게 살아갈 순 없을까?'라는 순박한 마음이 담겨 있습니다. 제가 보고 싶어 하는 28년 전 사내 녀석처럼 말입니다. 분명한 건 이것에도 만만찮은 용기가 필요하다는 사실입니다. 제가 잃어버린 것, 그것은 용기입니다.

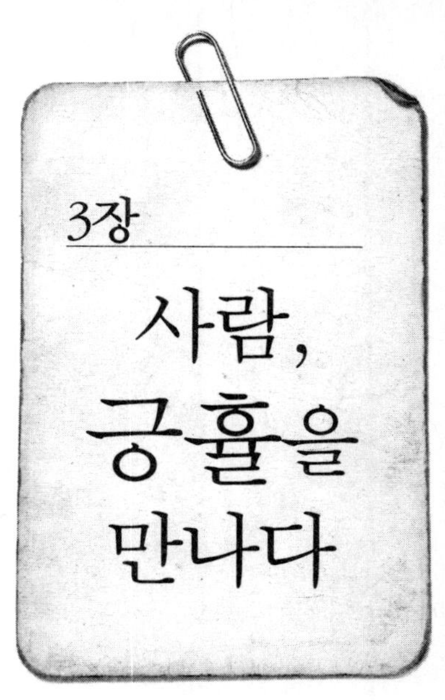

망미동으로 이사를 가긴 했지만 아직 전학이 되지 않아서, 반송동의 운봉초등학교까지 버스를 타고 다녀야 했다. 통학만 한 시간은 족히 걸렸다. 콩나물시루 같은 만원버스를 열 살 난 아이가 타고 다니는 것은 그리 만만한 일이 아니었다. 하지만 진짜 고역(苦役)은 통학 시간이나 많은 사람들 틈에 시달리는 것이 아니었다. 가장 큰 적은 버스를 탈 때마다 만나는 뭇 아줌마들이었다. 왜냐하면 아줌마들은 죄다 자기 몸의 편안함을 위해서 사는 사람들이기 때문이다. 복잡한 찻간에서 빈자리라도 하나 나면 거의 필사적이었다. 그 몰골이 홍해에 빠져 허우적대는 바로의 군사들 같다는 생각도 들었다. 덩치가 적은 나는 밟히거나 밀쳐져서 애꿎은 뒷사람에게 사과하기가 일쑤였다. 그러고도 모른 척하고 자리에 앉아서 큼지막한 손가방을 가슴에 꼭 쥐고는 창밖이며 차 안을 꼬옹하니 두리번거렸다. 이런 아줌마를 만날 때면 버스에서 내렸다. 내려서 걸어가든지 다음 차를 타든지 하는데, 웬만하면 걸었다. 상쾌한 아침 바람을 맞으며 걷는 것도 좋지만, 그보다 다음 버스에 타고 있을지도 모르는 또 다른 아줌마와 마주치는 것이 더 싫었다. 다행히 부지런한 우리 엄마 덕에 매일 일찍 나왔기 때문에 차를 한두 대쯤 보내거나, 적당한 거리에서 내려서 느긋하게 걸어도 문제될 것이 없었다. 그런데 걷다가 뽀글머리에 짙은 화장을 한 아줌마들을 만나면 어린 마음에 너무 거북했다. 무슨 식용유를 갖다 발랐는지 번들거리는 얼굴에 빨간 립스틱은 절로 고개를 가로젓게 했다.

다행히 우리 엄마는 버스를 자주 타지 않으셨다. 일단 외출을 잘 안 하셨고 나처럼 걸어 다니는 것을 좋아하셨다. 엄마는 화장도 잘 하지 않았다. 교회를 갈 때나 어디를 갈 때도 화장하는 것을 본 적이 없었다. '동동 구리무' 하나면 만족인 우리 엄마지만 누구보다 깨끗하고 정갈하셨다. 그런 엄마는 고상하게도 새벽기도까지 매일 나가셨다. 매일 나와 우리 가족을 위해서 거룩한 기도를 하셨다. 새벽기도를 마치고 집으로 돌아오면 나의 머리를 쓸어안고 사랑어린 기도를 해 주셨다. 그래서 가끔 선잠이 깨서 짜증스러울 때도 있었지만 그것이 엄마가 나를 사랑하는 방식이었고 내가 못한 기도를 대신 채워 주는 거라고 생각해서 꾹 참았다. 신경질도 몇 번 부려봤지만, 소용없었고 그래봐야 나만 손해란 것을 알아차렸다. 삐져서 먼 산 보고 있는 엄마를 달래느니 차라리 조금 참는 게 훨씬 나았다.

내가 이사 가기 전에 살았던 반송동에는 버스 종점이 있었다. 그래서 동네로 들어가는 큰 길가에는 늘 버스가 늘어서 있었다. 종점의 넓은 마당에 줄 맞춰 주차된 버스들은 참 멋있었다. 마을 아저씨들 중에도 버스 운전기사가 많았다. 지금은 유조차를 모시는 아빠도 총각 때에는 버스를 운전하셨다. 그리고 그때 엄마를 만났다. 엄마는 당시만 해도 선망의 직업이었던 버스 운전기사에다 잘생긴 아빠를 보고 한눈에 반하셨다. 잘생긴 청년이 운전하는 버스를 몇 번 타고는 그 버스의 차번호를 기억해서 꼭 그 버스만 탔다. 한참을 기다려서라도 아빠가 운전하는 버스만 골라 타고 탈 일이 없을 때에는 버스가 지나는 길가로 마을 친구들이랑 쑥이며, 달래를 캐러 다녔다. 그러다 아빠가 운전하는 버스가 지나가면 친구들에게 내 애인이라고 자랑하셨다. 어쨌든 그때는 검은 맥아더 선글라스를 끼고 운전하는 아버지가 그렇게 멋있었다고 한다. 물론 과거형이다. 엄마는 매우 적극적인 성격이어서 수소문 끝에 아빠의 자취방을 알아내었다. 그래서 자취방을 자주 기웃거리다가 자기네 아들 쫓아다니는 여자로 오해한 주인집 할머니에게 잡혀서 망신을 당하기도 했다. 아빠와의 제대로 된 첫 만남도 그 욕쟁이 할머니에게 욕을 얻어먹고 있을 때였다. 엄마는 내가 이 일 얘기하는 것을 제일 싫어한다.

이후 버스 안내를 하시던 한 아저씨의 소개로, 부모님은 부산 시내에 있던 노동극장에서 첫 데이트를 하게 되었다. 한참 영화를 보며 설레는 첫 만남이 진행되고 있었다. 하루 종일 버스 운전을 하느라 피곤했던 아빠가 놀라서 깨어 보니 영화는 끝이 났고 엄마는 간 곳이 없더래나? 여기서부터의 이야기는 아빠가 질색을 하는 부분이다. 토라진 엄마를 달래느라고 꼬박 1년이 걸렸다고 한다. 첫 만남에 1년을 쫓아다닌 아빠의 저력도 만만찮고 그 시절에 이름도 모르는 총각의 집을 기웃거렸던 엄마도 보통내기는 아닌 듯하다. 하지만 내가 보기에 이 두 사람의 결혼으로 덕 본 것은 순전히 아빠다. 아빠는 이 사실을 인정하려 들지 않지만 적어도 우리 엄마가 다른 아줌마들하고는 다른 것을 볼 때, 나의 판단이 그른 것 같지는 않다.

엄마와 아빠가 부부싸움을 벌이면 항상 엄마가 집을 나가셨다. 거기까진 좋은데, 걷기 좋아하는 엄마는 꼭 날 끌고 집을 나가셨다. 내가 엄마를 좋아하긴 하지만, 집 나갈 때마다 번번이 끌려 나가는 것은 좀 그랬다. 한 두 번도 아니고 말이다. 게다가 부부싸움은 꼭 저녁 먹은 직후 그러니까 TV에서 하루 종일 기다리던 프로그램이 시작할 즈음에 시작되었다. 그때 는 아주 죽을 맛이었다. 아무 죄도 없이 덩달아 끌려 나가는 게 여간 억울 한 게 아니었다. 하지만 엄마가 나중에라도 집에 들어오는 것이 보장되려 면 나라도 따라가 주어야 했다. 그래서 순순히 끌려 나갔다. 졸지에 엄마 도 없는 애가 되는 것은 더 큰 비극이니까. 집을 나온 엄마는 내 손을 잡고 한참을 걸었다. 멀리 가는 것도 아니고 그냥 동네만 빙빙 돌았다. 처음에 는 따라가기조차 버거운 속도로 걷던 엄마의 체력이 다하고 걸음이 점차 느려지면 가까운 점방에서 50원짜리 빨간색 쭈쭈바를 사 주셨다. 동네를 가로지르는 개량천 둑에 앉아서 빨아 먹던 쭈쭈바의 색이 멀개지고 남아 있던 얼음 조각이 맹물이 될 즈음, 나는 엄마를 달래야 했다.

사람을 달래는 데에는 애나 어른이나 별반 다를 게 없다. 내가 하던 위 로는 언제나 비슷했다. 앞에서 얘기했던 아줌마들의 꼴사나운 모습을 그 럴싸한 흉내와 함께 이야기하고 왜 그렇게 사는지 이해할 수가 없다고 얘 기를 하다가 엄마는 그런 보통 아줌마들하고는 다르기 때문에 아빠는 엄 마하고 결혼한 것을 복으로 알아야 되는데, 엄마도 알다시피 아빠의 수준 이 이런 것을 깨닫기에 무리가 있다는 뭐 그런 얘기였다. 그래도 기분이 여 의찮으면 나는 이다음에 커서 주책스럽지 않고 화장을 안 해도 예쁜 엄마 같은 사람이랑 결혼할 거라고 얘기를 했다. 이야기가 이쯤 되면 엄마도 좋 아라 맞장구를 치시고 그러면 분도 어느 정도 가라앉아서 집으로 갈 채비 를 하게 된다. 집에 들어가기 전에는 다음날 찬거리를 사러 시장에 들르곤

했는데, 이때쯤 가야 파장할 때라서 떨이로 많이 준다고 한다. 엄마는 싱싱한 것보다는 양을 주로 따지셨다. 음식을 하려면 어차피 지지고 볶고 할텐데 싱싱한 거 아침 일찍 나가서 비싸게 주고 사봐야 별반 다를 것도 없기 때문이라 했다. 내 생각에도 끓이고 삶으면 둘 다 퍼지기는 마찬가지니 엄마의 말이 맞다고 생각했다.

어느 날 학교를 가려고 집을 나서는데, 그날따라 엄마도 따라나섰다. 엄마는 부산 충렬사 뒤편에 사는 친구네 부모님의 환갑잔치에 손을 도우러 간다고 하셨고, 마침 나와 방향이 같아서 함께 갈 수 있었다. 잠시 뒤 버스가 오자, 우리는 버스에 올랐고 아침이라 버스는 여전히 만원이었다. 꽉 끼는 버스 안에서 엄마와 나는 곧 있을 교회 체육대회에서 내가 선수로 뽑혔다는 이야기를 나누었다. 학교에서도 선수로 뽑히는 실력이니 교회 정도에서는 식은 죽 먹기고 아마 일등은 내가 따 놓은 당상이라고 으스대고 있었다. 그런데 맞장구를 치며 "그러니 내 아들"이라고 좋아하셔야 할 엄마가 만원 버스 속에서 갑자기 빈자리로 돌진하는 것이었다. 날씬하지도 않는 엄마가 바로의 군사가 되어서 방금 난 빈자리를 향해 결사적으로 달려들었다. 그 앞에 서 있던 중학생 누나의 얼굴이 일그러지고 여럿이 짜증스런 비명을 질렀다. 옆에 있던 난 무안해서 어쩔 줄을 몰랐고 얼굴은 후끈 달아올랐다. 그냥 모르는 사람처럼 할까 하는 생각이 스쳐 지나갔다. 그러나 엄마는 내 속을 아는지 모르는지 우렁찬 목소리로 소리쳤다.

"어이~ 아들! 이리 와 같이 앉자, 이리 와, 얼른."

그것도 두 눈으로 또렷이 나를 지목하고 크게 손짓까지 해가며 말이다. 엄마의 말에 대꾸도 못하고 얼굴이 벌게진 나는 다음 정류장에서 내려버렸다. 그리곤 터벅터벅 학교를 향해 걷기 시작했다. 그리고 뭘 배웠는지

멍하게 있던 학교를 파하고도 세 시간을 걸어서 우리 동네 망미동으로 돌아왔다. 그리곤 밤이 늦도록 국군통합병원 뒤 언덕배기에 누워 하늘을 봤다. 물론 집에 들어가지도 않았다. 그러면서 이런저런 생각을 했고 울기도 하였다.

'우리 엄마도 그런 아줌마였다니…. 이건 말도 안 돼.'

저녁도 먹지 못했던 터라 배도 고프고 날도 추워져서 터덜터덜 집으로 들어갔다. 엄마는 아빠와 말씀을 나누고 계셨다. 아빠는 초점 없는 맹한 눈으로 엄마의 얘기를 듣는 둥 마는 둥 뉴스를 보고 있었다. 내가 들어오는지 마는지 관심도 없는 모양이다. 날 보고 엄마가 말했다.

"애! 아까는 왜 말도 없이 그냥 내렸니? 같이 앉아 가자니깐…."

"……."

"저녁은 먹었냐?"

“…….”

“얘는 어디서 저녁도 못 얻어먹고 어딜 그렇게 싸돌아다녀~.”

“…….”

“발이나 닦고 와서 먹어, 어휴, 냄새야 얼른!”

“…….”

“어머! 얘 봐, 나가서 싸움만 하고 돌아다녔나? 온몸에 흙이고, 풀이야.”

‘젠장….’

이런 엄마를 대하니 더 억울했다. 괜스레 나만 하루 종일 울적해서 분위기도 잡고, 걷고, 밤하늘의 별을 보고 질질 짜기까지 했다니, 내가 그 정도 했으니 엄마도 뭐 좀 깨달았으려니 내심 기대를 했는데 말이다. 배고파 죽겠는데 저녁까지 굶은 것이 한심했다. 그래서 홧김에 소리를 질렀다.

“빨리 밥이나 줘!”

열려진 부엌문으로 달그락달그락 저녁을 차리시는 엄마가 보였다. 부뚜막에 쪼그리고 앉아 주걱질을 하고 있는 엄마는 영락없는 아줌마였다.

‘어휴 저 헝클어진 머리하고는….’

그날 밤 나는 잠에 들 수가 없었다. 억울하기도 하고, 늦은 밤 허겁지겁 먹은 저녁이 탈이라도 났는지 속도 편치 않았기 때문이다. 화장실로 가는데, 반쯤 열려 있는 안방 문 너머로 엄마가 보였다. 아빠의 품에 폭 안겨 너무나 평온하고 행복해 하는 엄마의 얼굴이 보였다. 입가에는 엷은 미소까지 머금은 듯 곤하게 잠에 빠져 있었다. 그 얼굴을 보고 있으니 이런 생각이 들었다.

‘그래도 저 얼굴은 내가 이 세상에서 제일 사랑하는 사람의 얼굴이 아닌가.’

　화장실에 쪼그리고 앉아 문을 열어 별을 보았다. 그냥 아무 생각 없이 한참을 보았다. 속도 가라앉고 잠도 솔솔 오기에 편하게 잤다. 다음날도 머리맡에서 내 머리를 끌어안고 기도하시는 엄마의 가는 음성이 느껴졌다. 고운 숨결도 느낄 수 있었다. 그리고 마음으로 엄마에 대한 사랑을 다짐하였다. 그리고는 잠결인 양 두 팔을 뻗어 엄마를 껴안았다. 가만히 감은 나의 얼굴에 떨어지는 엄마의 따뜻한 사랑을 느꼈다. 그리고는 생각하였다. 아침이 오지 않았으면, 이대로 모든 것이 멈추어 주었으면 하고 말이다. 그날 이후 더 이상 버스에서 내려서 학교를 걸어가는 일도 없게 되었다.

어느 광고에서 "아줌마의 또 다른 이름은 누군가의 엄마"라고 하는 카피를 보았습니다. 이 문구를 보면서 무심결에 흘려 가던 많은 사람들을 생각했습니다. 모든 사람들이 특정한 관계 속에서는 소중한 사람이 된다는 평범한 사실이 떠올랐답니다. 그리고 약간의 불편을 끼친다고 해서 상대를 얕보던 수많은 일들이 생각났습니다. 거리에서, 대중교통을 이용할 때, 특히 운전할 때에 그렇습니다.

나와 직접적인 관계가 지어졌다는 것은 그 속에서 나눔과 책임의 시간이 흐르기 마련입니다. 그 시간 속에서 상대방에 대한 구체적인 느낌을 가지게 됩니다. 그 느낌을 보통 '정(情)'이라고 부르는 듯합니다. 반면에 미운 정이나 고운 정을 쌓을 기회가 없던 수많은 사람들은 그저 하나의 단어로 규정된 허상이 됩니다. 그들에 대해서 이야기라도 하게 될 때에 우리의 모질고 냉정한 본성이 잘 드러납니다. 그러나 그 모든 허상도 누군가에게는 어머니이고 아버지이고 딸이며, 아들인 것은 분명합니다. 어느 책에서 이 세상의 웬만한 사람들 사이는 평균 6단계만 거치면 다 아는 사이라는 내용을 읽었습니다. 세상을 참 무심하게 살고 있다고 느꼈습니다.

게다가 무엇보다도 모든 사람은 하나님의 고결한 형상을 부여받은 인간입니다. 그 형상의 자취 때문이라도 다른 사람에게 경의를 표하며 사는 여유를 스스로 다짐합니다. 우리 모두가 넉넉한 마음이 필요한 사회를 살고 있기 때문입니다.

다들 다른 듯하지만 사실 똑같습니다. 같은 것을 바라고, 같은 것을 염려하고, 같은 것을 가지고 싶어 하고, 결국에는 같은 것을 이루려 합니다. 그래서 성경은 모든 사람의 인생을 가리켜 다음과 같이 말합니다.

"모든 사람에게 임하는 모든 것이 일반이라 의인과 악인, 선한 자와 깨
끗한 자와 깨끗하지 아니한 자, 제사를 드리는 자와 제사를 드리지 아
니하는 자에게 일어나는 일들이 모두 일반이니 선인과 죄인, 맹세하는
자와 맹세하기를 무서워하는 자가 일반이로다."(전 9:2)

사실 우리는 다 같습니다. 잘나 봐야 얼마나 잘났고, 못나 봐야 얼마나
못났겠습니까? 잘난 척할 것도 없고, 못난 척할 것도 없습니다. 그러니 생
각해 봅니다. 결국에는 같은 처지로 사는 우리들이 어떻게 서로를 애틋하
게 바라볼 수 있을까 하고 말입니다. 다른 사람을 바라보는 나의 시선을
어떻게 교정할까 하고 말입니다. 서로가 정을 나눌 기회가 있었든, 없었든
상관없이 말입니다.

아무리 오지랖이 넓은 사람도 주변의 모든 사람과 관계를 맺으며 살
수는 없습니다. 그래서 나 자신과 아무런 관련이 없는 사람을 대할 때가
많이 있습니다. 이때에 우리에게 가장 필요한 단어가 긍휼이 아닌가 생각
해 보았습니다. 하나님이 어떤 분인가 궁금하여 작정하고 그의 성품을 공
부한 적이 있습니다. 하나님의 여러 성품을 이야기할 때에 꼭 등장하는 단
어가 긍휼입니다. 하나님은 긍휼하신 하나님입니다. '긍휼(矜恤)'이 무슨 뜻
인가 생각해 보았습니다. 국어사전을 찾아보니 '불쌍하게 생각하여 돌보아
줌'이라는 뜻입니다. 성경에 나오는 단어들을 풀어 주는 책을 들춰 보니 다
음과 같이 종합이 되었습니다. '상대와 동일한 마음을 품는다.' 저는 이 말
이 참 좋습니다.

"긍휼, 동일한 마음을 품어 불쌍하게 생각하여 돌보아 준다."

저는 긍휼한 사람이 되었으면 좋겠습니다. 제 주변에 있는 사람들의

속마음을 동일한 마음으로 잘 헤아리고 잘 돌보는 사람이면 좋겠습니다. 그래서 저의 주변에 있는 사람이 외롭지 않고 자신의 속마음을 잘 헤아려 보듬는 사람이 있다는 사실에 위로를 얻었으면 좋겠습니다. 하나님은 저를 그런 사람으로 만들어 가시려고 하십니다. 버스에서의 사건은 이 일의 출발선이 되었습니다.

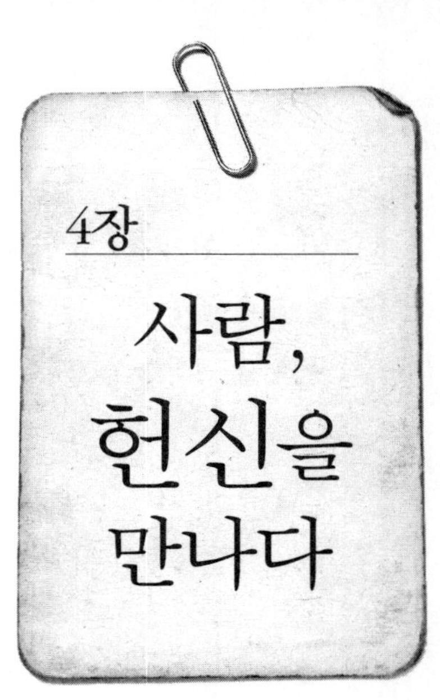

"괜찮아, 괜찮아. 몸에 조아~."

당시에 우스갯소리로 하던 말이다. 어디에서 주워들은 이야기인지는 모른다. 하지만 길가다 넘어져 무릎이 깨져도 무릎을 부비면서 그랬고, 기분이 좋지 않은 일이 있을 때도 혼자 지껄였다. 그만큼 망미동에서의 생활은 즐겁지 못했다. 동네에서는 '무화과 사건' 때문에 겁쟁이로 찍히고, 광신도로 몰려 외톨이로 지내야 했다.

혼자 골목길로 나가 당시에 유행하던 손 야구를 했다. 고무공을 손에 쥔 타자가 "좋나?" 하고 외치면 수비를 보던 아이들이 "좋다!" 하고 화답한다. 그러면 고무공을 주먹으로 힘껏 후려치고 1루 베이스로 달려가면서 하는 야구놀이다. 아무도 나랑 놀아 주지 않아서 혼자 했다. 나 홀로 치고, 받고 말이다. 혹시 누가 "좋나? 좋다!" 하는 구령 소리를 듣고 달려 나올까 싶어서 목청껏 소리를 질러도 봤지만 아무도 나오지 않았다. 간혹 친하게 지내던 녀석들이 지나가더라도 골목대장 동대 형의 눈치를 보느라, 표정 없는 멍한 얼굴로 외면했다. 이해는 하고 있었다. 만약 아는 척이라도 했다가 동대 형의 귀에 들어가기라도 하면 큰일나기 때문이다. 하지만 겉으로는 비겁한 겁쟁이라고 개들에게 욕을 퍼붓곤 했다. 그러면 그 녀석들은 못 들은 척하고 더 빠른 걸음을 떼었다.

동대 형의 영향력에서 비교적 자유로운 곳이 학교였다. 하지만 배산초등학교로 갓 전학 온 나는 가난한 동네인 반송동에서 온 부끄럼 많이 타는 별 볼 일 없는 아이였다. 공부를 잘하는 것도 아니고 얼굴이 잘생긴 것도 아니라서 반 친구들에게 크게 어필할 만한 것이 없었다. 동네 일로 가뜩이나 주눅들어 있고 내성적인 성격 탓에 점심시간에는 누구랑 도시락을 먹어야 할지 고민했고, 방과 후 하굣길에도 누구랑 가야 할지 두리번거리며 다녀야 했다. 등굣길은 몰라드 하굣길에 혼자 다니는 것은 정말 끔찍한 일이었다. 물론 한 동네 사는 아이들이 날 멀리했으니 등하굣길을 함께할 친구를 찾는 것은 더 어려웠다. 설상가상(雪上加霜)이라고 그렇지 않아도 불편한 마음이 더욱 쪼그라들 만한 일이 생겼다.

갑작스레 학교에 전혀 새로운 모양의 신발이 유행하기 시작했다. 조깅화라는 신발이었다. 발꿈치 쪽이 높고 끈으로 묶어 다니며, 앞은 빼족하게 잘빠진 조깅화는 순식간에 학교를 휩쓸었다. 너도나도 그 조깅화를 신고 자랑했으며 배산초등학교를 다니는 학생이면 누구나 조깅화 정도는 신어야 한다고 모두들 생각하는 듯했다. 오직 우리 엄마만 빼고 말이다.

시대에 뒤쳐진 엄마 덕에 내 신발은 여전히 그냥 운동화였다. 전통을 자랑하는 파란색 운동화. 밑창이 납작하고 신발끈도 필요 없는, 용감한 슈퍼맨 그림이 색깔조차 퍼진 채 붙어 있는 파란색 운동화. 촌티 나는 기차표 운동화를 신고 학교에 가는 것이 너무 창피했다. 그렇잖아도 출신성분이 딸려서 기죽어 사는데, 신발 문제는 나에게 결정적인 상처를 안겨 주었다. 그래서 학교에 가기 싫어졌고 수업에도 참여하기 싫었다. 학교에서도 슬슬 문제아로 알려지기 시작한 것은 그 즈음이었다. 나를 보시는 선생님의 눈이 예사롭지 않았다.

'뭐 저런 게 전학 와서 속을 썩이냐. 신발도 꼴랑 운동화인 게….'

마치 나를 내려다보며 이렇게 말하는 것 같았다. 내 이름을 모르는 아이들도 "있잖아. 그 파란 촌놈." 하면, 모두들 "아~ 걔? 얼굴도 시커멓고…." 하며 내 얘기를 시작했다. 그때 여러 수식어들과 함께 나의 존재는 여지없이 싸구려로 폭로되고 말았다. 슬프지만 이것이 나의 현실이었다.

혹시나 하는 생각에 한 맺힌 운동화를 질질 끌고 다니기도 하고, 시멘트벽에 벅벅 긁어 빨리 떨어뜨려도 결국 내게 돌아오는 것은 색깔이 퍼져 눈이 네 개나 달리게 된 ET가 멋쩍게 웃고 있는 왕자표 운동화였다.

"넌 좋은 거 사 줘 봐야 소용이 없다."

어머니의 매몰찬 핀잔은 꼭 녹음을 해 놓고 틀어 주는 것 같았다. 이렇게 힘겨운 삶을 살고 있는 나에게 생각지도 못한 봄날이 찾아왔다. 그것은 이도경이라는 친구 때문이었다. 그 친구는 빡빡 깎은 머리와 두꺼운 뿔테 안경 때문에 소불알이라는 별명을 가진 아이로 반 친구들의 훌륭한 놀림감이요 장난 거리였던 약간 어눌해 보이는 아이였다. 아이들의 놀림이 극에 달하면 꼭 가방에서 빨랫방망이를 꺼냈다. 그리고 더 놀리면 말까지 더듬으면서 때리겠다고 위협했다. 이 모습이 너무 우스꽝스러워서 아이들은 꼭 가방에서 방망이가 나올 때까지 놀려댔다. 방망이가 나오면 모든 반 아이들이 폭소했고, 소불알은 몸을 파르르 떨며 책상에 앉아 씩씩거리거나 엎드려서 울었다. 사내자식의 꼴이 말이 아니었다.

어느 날 하굣길에 우리의 운명적인 만남은 시작되었다. 그날도 운동장 한 구석에서 운동화를 빡빡 끌고 있는데, 그 친구가 씩씩거리며 내 곁을 지나가는 것이다. 오른손에는 또 빨랫방망이가 들려 있었다. 또 당한 모양이었다. 오랜만에 장난기가 발동해서 돌멩이 하나를 집었다. 그리고는 도경이에게 던졌다.

"아야, 이 씨끼! 와 그라노? 주글래?"

이런 일에 익숙한 듯 자연스런 짜증부터 부렸다. 돌 하나를 또 던졌다.

"어! 이 시키 한 번만 더 던지면 죽는데이!"

이제는 위협까지 한다. 그러나 그러는 거 보는 게 재미다. 이제는 자세를 삐딱하게 고쳐 잡고는 또 들을 던졌다.

"이게~ 한 번만 더 던지면 죽는댔데이."

조금 전의 당당함은 잦아지고 한풀 꺾인 듯했다. 그래서 땅바닥에 침을 뱉고는 오랜만에 몸 좀 풀자는 심정으로 말했다. 사실 나도 그동안 쌓여 온 울분에서 나온 우발적인 행동이었다.

"뭐? 죽어? 니! 됐나?"

당시 애들 싸움은 꽤 신사적이었다, 실랑이를 벌이다가 어느 한 편이 "됐나?" 하고 의향을 물으면 닷은편에서 "됐다!" 하고 응수한다. 그러면 다시 한 번 "됐다 했제?" 하며 확인을 하고 멱살을 잡으면서 개전(開戰)이 된다. 이것이 일종의 규칙이다. 이 규칙을 어기고 냅다 주먹부터 휘둘렀다가는 이겨도 욕만 먹는 싸움의 도(道)가 있었다. 모든 수순을 밟아 멱살을 잡으면 다리부터 걸면서 시작되는 것이 싸움의 정석이다. 비록 지금은 구석에 찌그러져 있지만 얼마 전까지 동네에서 2인자의 자리에 있었고 반송동

에서는 날리던 몸이었다. 싸움의 매너 하나는 깔끔한 나였다. 나는 임전(臨
戰)의 수순을 하나하나 밟으며 몸의 긴장을 느꼈다. 마지막 선전포고를 날
렸다.

"됐다 했제?"

"아니…, 안 됐다…."

마지막 순간에 도경이가 슬그머니 꼬리를 내렸다. '요즘 신발 때문에 너
무 예민해졌나?' 하는 잠깐의 반성이 스쳐 지나갔다. 그리고 약한 애한테
너무 했다는 자책까지 들었다. 어쨌든 다음 대사를 툭하고 던졌다.

"안 되긴 뭐가 안 돼? 이거 완전 삐조리 아이가~."

"…….."

도경인 아무 말이 없었다. 그저 눈물 그렁한 원망스런 눈으로 나를 보
고 있었다.

"니, 뱀굴 아나?"

"……?"

뜬금없이 도경이를 데리고 뱀굴로 향했다. 특별히 무슨 짓을 벌이려고
데리고 가려 했던 것은 아니었다. 그냥 뭐라 할 말도 없고, 멋쩍어서 무심
결에 뱉은 말이 고작 그거였다. 뱀굴이 있는 산으로 묵묵히 가고 있는데,
우리를 향해 돌들이 날아왔다. 농아인 학교의 애들이었다. 질겁했다. 도경
이도 농아인 학교 애들에게 잡히면 지하실로 끌려가서 죽을 때까지 맞는
다는 소문을 알고 있었다. 바로 악명 높은 그놈들이 분명했다. 이 치들은
동대 형도 부담스럽다던 놈들이다.

덩치도 어른 같은 농아인들이 순식간에 우리 둘을 에워쌌다. 그리고 자
기들끼리 손짓을 하며 킥킥대며 웃었다. 그리고 손을 내밀었다. 돈을 달라

는 것 같기도 하고 손잡고 지하실로 가자는 것 같기도 했다. 그중에 한 녀석이 영문을 몰라 어병하게 서 있는 우리를 때리려고 손을 들었다.

"튀라!"

나는 우리를 때리려는 녀석을 밀쳐 넘어뜨리며 소리쳤다. 엉거주춤 서 있던 도경이도 살아남겠다는 본능으로 뒤따라왔다. 그런데 어병한 도경이가 덜미를 잡히고 말았다.

"엄마야!"

도경이는 뿔테 너머 동그란 눈을 휘둥거리며 울음을 터뜨렸다. 나는 주춤주춤하며 도망갈까, 도경이를 도울까 망설였다. 몸부림치는 도경이의 가방이 날아갔고, 가방 속에 있던 빨랫방망이가 튀어나왔다. 나는 그 방망이를 휘두르며 도경이에게 달려갔다. 그리곤 놈들이 뒤로 잠시 물러선 틈을 타서 내달렸다. 물론 도경이와 함께.

달리기만 잘하는 내가 앞장 설 수 있었고, 뒤에 도경이가 뒤따랐다. 그리고 그 바로 뒤에 농아인들이 쫓아왔다. 필사적인 우리 못지않게 그놈들도 지독했다. 집까지 쫓아올 모양인지 포기하지 않고 쫓아왔다. 하지만 걔들의 영역은 큰길의 육교까지였다. 우리가 육교를 건너자 농아인들은 추격을 멈추고 양 무릎을 짚고는 헉헉거렸다. 도경이와 육교 건너편에 털썩 주저앉았다. 그리고 함께 소리쳤다.

"이 뱅신들아! 꼴좋다~."

집으로 돌아오는 길에 도경이에게 말했다.

"니 억수로 잘 달리대?"

"풋, 히히히."

도경이가 웃었다.

"그래도 니 방망이가 한몫했다 아이가~ 우리 친구 묵으까?"

내가 그런 닭살스런 말을 왜 했는지는 모르겠다. 모양 빠지게 말이다. 하지만 그로 인해서 친구가 그리웠던 우리 둘은 곧 어깨동무를 하는 사이가 되었다. 그리고 그날은 도경이의 집에 놀러 가 맛있는 저녁을 대접받았다. 평생 친구 하나 못 사귈 줄 알던 도경이 엄마는 내 운동화와는 상관없이 과분한 친절을 베풀어 주셨다.

그 후 우리는 둘도 없는 단짝으로 지내게 되었다. 친구를 얻은 나는 본래의 활달한 모습을 되찾아 갔다. 도경이와 함께 등하교를 하였다. 이른 아침 도경이가 우리 집으로 찾아왔다. 방과 후 집에 갈 때는 내가 도경이네 집으로 갔다. 도경이네서 숙제도 하고 간식도 얻어먹었다. 도경이의 동아전과와 표준전과는 숙제하는 데 그만이었다. 점심 도시락도 같이 먹었다. 특히 도경이가 싸 오는 계란을 입힌 소시지는 맛이 일품이었다. 게다가 계란에 파까지 송송송 썰어 넣은 말 그대로 요리였다. 재수가 좋은 날은 비엔나 줄줄이 소시지를 케첩에 찍어 먹기도 했다. 내가 줄줄이 소시지에 열광하자 도경이는 흐뭇한 듯 웃어 주었다. 그리곤 반찬통을 내게 슬쩍 밀어 주었다. 아주 훌륭한 녀석이라 생각했다.

그러나 나에게 그렇게 훌륭한 친구인 도경이는 다른 아이들 앞에서는 여전히 꿀 먹은 벙어리였고 여전히 반 아이들의 좋은 놀림거리였다. 내 친구의 이런 처지를 내버려 두는 것은 남자의 도리가 아니라고 생각했다. 그래서 난 친구 도경이를 놀리는 아이들을 때려 주기로 마음먹었다. 그런데 의외로 인상 쓰고 "니 됐나?"라고 위협만 했을 뿐인데, 반 아이들은 뒤로 물러섰다. 그리고 얼마 지나지 않아서 도경이를 놀리는 것을 완전히 그만두었다. 시커먼 얼굴이 이럴 때 도움이 되는 듯 했다.

이후 나와 도경이는 우리 반의 떳떳한 일원으로서 권리를 누리게 되었다. 눈감고 공을 차는 도경이가 점심시간마다 벌어진 축구 시합에서 우리 반 선수로 나갈 정도였다. 빨랫방망이를 학교에 가지고 올 필요도 없어졌다. 모든 것이 좋아졌다. 설령 좋지 않은 일이 생겨도 도경이와 나는 이렇게 맞장구치고 말했다.

"괜찮아, 괜찮아, 몸에 조아~."

이 말은 자신감의 표현이 되었다. 여기서 처음의 '괜'자와 '몸'자에 힘을 주어 말하면서 리듬을 타면 하루 종일 조잘거려도 좋았다. 길가다 돌부리에 넘어지거나 선생님에게 혼이 나거나 시험을 망쳐도 서로 얼굴을 마주 보며 말해 주었다.

"괜찮아, 괜찮아, 몸에 조아~."

나도 조깅화가 필요 없어졌다. 이젠 더 이상 방과 후에 운동장 구석에서 신발을 끌고 있을 필요가 없어졌다. 물론 엄마에게 조깅화를 사 달라고 더 이상 조르지도 않았다. 심지어 도경이까지 멀쩡한 조깅화를 놔두고 나랑 같은 운동화를 사서 신었다. 파란 운동화를 신고 자랑스레 학교를 헤집고 다녔다. 나는 기차표 ET 운동화, 도경인 왕자표 그랜다이저 운동화다.

사실 운동화가 전혀 나쁜 것만은 아니다. 운동화는 밑창이 납작하고 쿠션이 전혀 없기 때문에 신을 신고 걸을 때 발에 조금만 힘을 주고 내딛으면 빡! 빡! 소리가 난다. 둘이서 어깨동무를 하고 발맞춰 빡빡거리면 얼마나 흥이 나는지 모른다. 물론 "괜찮아, 괜찮아. 몸에 좋아~."라고 소리치며 말이다. 집에 올 때쯤이면 발이 얼얼하고, 가끔 신발이 터질 때도 있었지만 괜찮았다. 몸에 좋은 거니까.

모든 것이 자기 자리로 돌아갔다. 동네에서의 왕따 생활도 문제가 되지 않았고, 성적도 많이 올라 담임 선생님께서는 종종 나의 예를 들어가며 "하면 된다.'라고 하시며 다른 아이들을 독려하실 정도였다.

하지만 도경이의 소심한 성격은 어쩔 수 없었다. 도경인 사람들 앞에서 여전히 꿀 먹은 벙어리였다. 그래서 학교 선생님께도 한 대 맞을 걸 괜히 수십 대 얻어맞는 꼴을 벗어나지 못했다. 아무리 물어도 대답을 안 하니 말이다. 특히 도경이는 사람들 앞에서 노래하는 걸 싫어했다. 도경이가 교회에 가기를 싫어했던 유일한 이유도 예배 때 무슨 노래를 그렇게 많이 부르냐는 것이었다. 자기는 사람들 앞에서 노래하는 것이 쪽팔려서 죽는 것보다 싫다고 했다. 나 때문에 할 수 없이 교회를 가 주기는 하지만 정말 질색이라고 푸념을 늘어놓곤 했다.

주일학교 예배를 마치고 우리 집으로 놀러 가던 길이었다. 도경이는 유난히 그날 설교를 유심히 들었던 것으로 기억한다. 그날 전도사님의 설교는 예수님께서 우리의 죄 때문에 고난을 당하시고 십자가에 못 박혀 돌아가신 것을 설명하셨다. 멋진 초록색 융판에 깜찍한 그림을 척척 붙여가면서 말이다.

"쪽 팔렸을 긴데…, 빤스만 입고 말이다."

"아파 죽겠는데 쪽 팔린 게 문제가~. 손하고 발에 대못을 박았다 안 카더나."

"그래도, 사람들이 다 봤을 긴데…."

"보긴 뭘 봐. 인마~."

"예수님도 참 대단하데이 우리를 언제 봤다고…, 솔직히 알기나 했겠나?"

얼마 지나지 않아 최소한 도경이에게는 얻어맞는 것보다는 창피한 것이 훨씬 고통스러운 일이라는 사실을 분명히 알게 되었다.

학기 말이 되어 학교에서 음악 실기평가가 있었다. 모두들 노래를 열심히 불렀다.

"얼어붙은 달 그으림자 물결 위에 자고~."

지정곡은 "등대지기"였다. 아무리 노래 부르기를 좋아하던 사람도 시험으로 부르게 되면 긴장하기 마련이고 부르기가 쉽지 않다. 하지만 잘들 참아 내며 노래를 불렀다. 문제는 도경이였다. 어느덧 도경이의 차례가 되었다.

도경이는 똥을 씹은 표정으로 끌려 나가듯 교탁 앞에 섰다. 그런데 전주가 나가고 소절들이 막 지나가도 고개를 폭 숙이곤 노래를 부르지 않았다. 평소에 도경이의 성격을 좀 알고 있던 선생님도 처음엔 부드럽게 타이르며 살살 달렸으나 전혀 먹히지 않자 점점 안색이 변해갔다.

'어휴 저 짜식 저 용기로 한 줄 부르고 치우지.'

답답해 하던 마음에 안절부절하고 있을 때에, 급기야 분을 이기지 못한 선생님이 폭발하셨다.

"야! 이 자식아!"

소리를 지르신 선생님은 도경이를 끌고 밖으로 나가셨다. 도경이는 끌려가지 않으려고 엉덩이를 쭉 빼고 버텼지만 이내 선생님의 완력에 질질 끌려 나갔다. 버티다가 더 사나운 몰골로 끌려가고 말았다. 선생님은 한참 후에야 벌겋게 상기된 얼굴로 돌아오셨다. 아직 화가 풀리지 않으셨는지 씩씩거리며 분을 삼키셨다. 그리곤 다음과 같이 고함을 치셨다.

"다음 누구야? 빨리 나와!"

이후 계속된 실기평가는 공포 그 자체였다. 우리 선생님은 한 번 발동이 걸리면 그냥 넘어가는 법이 없었다. 모두들 완전히 쫄았다. 아이들이 얼마나 쫄았던지 얼굴빛에부터 역력히 드러났다. 하지만 한 사람 한 사람 자기 순서에 따라 찍소리도 못하고 눈치껏 "등대지기"를 불러야 했다. 노래를 부르다가 조그마한 티라도 잡히면 영락없이 뒤통수를 얻어맞았다. 긴장한 반 아이들은 때 아닌 실수를 계속해서 연발해 댔다. 심지어 멀쩡한 아이들도 "등대지기"로 시작했다가 어디서부턴가 노래는 "에델바이스"로 둔갑을 해서 매를 맞았으니 말이다. 그러면 선생님은 더욱 화가 나셨다. 악순환의 연속이었다. 나는 매 맞는 아이들을 보며 생각했다. 좀 비겁하긴 하지만 도경이보다 먼저 부른 게 천만다행이라고 말이다. 하지만 아이들이 아무리 맞았어도 도경이만큼 맞기야 했겠냐만은 말이다.

"그래도 끝까지 안 불렀대이, 나는 함 안 한다 카면 안 한다."

그날 하굣길에서 내뱉은 도경이의 말이다. 오늘 하루 종일 썰렁했던 교실 분위기를 생각하면 속이 터지지만 절뚝거리며 겨우 걸음이나 떼는 놈의 입에서 나오는 말하고는 신통방통했다.

"그래 자알 했따. 사내는 그라는 기다. 죽이기야 하긋나? 그래도 슨생인
데."

그날의 일로 도경이는 음악에 '가'를 받았고 그래서 도경이의 별명도 바
뀌게 됐는데, 그것은 음악가였다.

"소붕알보단 훨배 낫네. 뭐 …."

이것도 도경이의 말이다. 그리고는 어깨동무를 하고 서로의 얼굴을 보
며 이구동성으로 외쳤다.

"괜찮아, 괜찮아. 몸에 조아~."

그렇게 사는 동안 우리는 이제 6학년이 되었다. 도경이와 나는 더 친해
졌고 반 아이들과도 잘 어울려 지낸 즐거운 학교생활이었다. 그러나 자랑
스런 6학년이 된 지 얼마 지나지 않아 도경이와 나의 봄날은 끝이 났다. 내
가 다시 반송동으로 이사를 가게 되면서 전학을 가게 된 것이다. 이 소식
은 순식간에 교실에 퍼졌고 나는 또다시 깊은 침묵 속에 잠기고 말았다.
물론 도경이도. 그러나 아무도 우리를 옛날처럼 놀리거나 얕보지 않았다.
동정어린 눈으로 지켜볼 뿐이었다. 마음속으로 다 괜찮고 몸에 좋다고 최
면을 걸었다. 하지만 괜찮지 않았다.

며칠을 그렇게 조용히 보내는 동안 전학 수속은 빠르고 정확하게 진행
되었다. 그리고 마침내 선생님께서 나의 생활기록부가 든 황색 봉투를 들
고 교실로 들어오셨다. 그리고는 나를 앞으로 불러내어 작별 인사를 시키
셨다. 할 말이 없었다. 아니, 하고 싶지 않았다. 선생님이 몇 차례 권하기도
했지만, 나의 용기는 입을 다무는 데 쏟아지고 있었다. 그러자 어느 정도
앞뒤 사정을 아시는 선생님도 곧 포기하셨다. 그리고 반 아이들에게 환송

가를 부르게 하셨다. 기다렸다는 듯이 환송가가 온 교실에 울려 퍼졌다.

"두둥실~ 흰 구름 멀리 떠가네. 우리 누나 얼굴 같은 저 구~름."

대충 이렇게 진행되는 노래였고 음악 교과서에 있는 노래였다. 참 슬픈 노래라 생각되었다. 야속한 선생님은 나에게도 화답하는 노래를 시키셨다. 나는 조금 머뭇거리다가 노래를 시작하였다.

"에델바이스— 에델바이스— 아침 이슬에 젖어—."

나의 노래가 시작된 지 얼마 지나지 않아 박자도 음정도 맞지 않는, 거칠고도 투박한 목소리 하나가 더해졌다. 그것은 나의 친구 음악가 이도경의 목소리였다. 아침 이슬에 젖은 도경이의 노랫소리였다. 그는 점점 크게 노래를 부르기 시작했다. 아니 외치기 시작했다. 선생님은 따라 부르려는 다른 아이들의 목소리를 손으로 지그시 누르셨다.

"귀여운 미소는 나를 반기어 주네— 꿈처럼 빛나는 두 눈은 우리들의 자랑 에델바이스 에델바이스…."

3층의 6학년 6반 교실에는 아침 이슬에 젖은 우렁찬 두 개의 목소리가 이 세상에서 가장 아름다운 하모니를 이루며 모두의 가슴속에 울려 퍼지고 있었다.

바람에 펄럭이는 하얀 커튼은 터덜터덜 운동장을 걷고 있는 나를 뒤돌아보게 했다. 그리고 창문 너머 고개를 내밀어 쳐다보는 도경이의 눈물을 보게 되었다. 그리고 혼잣말을 하였다.

"괜찮아, 괜찮아. 몸에 좋아…."

뭐 때문에 괜찮은지는 몰랐다. 괜찮고 싶었고 괜찮아야 한다고 생각한 것 같았다. 터벅터벅 울며 가는 전학 길을 뜻도 모르는 말만 반복하며 뚫어 내었다.

최근 성경을 읽다가 요한복음 13장 1절에 감동을 받았습니다.

"유월절 전에 예수께서 자기가 세상을 떠나 아버지께로 돌아가실 때가
이른 줄 아시고 세상에 있는 자기 사람들을 사랑하시되 끝까지 사랑하
시니라."

세상에 있는 자기 사람들을 사랑하시되 '끝까지' 사랑하셨다는 대목에
서 큰 은혜를 받았습니다. 특히 이 말씀이 감동적인 것은 예수님의 끝이 어
디인지 알기 때문입니다.

멋진 말이야 누가 못하겠습니까? 하지만 예수님의 말씀에 숙연해지
는 것은 그가 이 말씀대로 사셨기 때문입니다. 예수님은 사람이 친구를
위하여 자기 목숨을 버리면 이보다 더 큰 사랑이 없다고 말씀하셨습니다
(요 15:13). 그리고 이 세상에서 몸소 제일 큰 사랑을 보여 주셨습니다. 예수
님은 자기 주변에 머물던 사람들을 친구라 부르기를 좋아하셨습니다(마
26:50; 눅 12:4; 요 11:11; 15:15). 그리고 실제로 친구가 되셨습니다. 이 사실은 예
수님의 정적들조차 인정한 사실입니다(마 11:19). 그리고 그 친구들을 위해
서 자신의 목숨을 내어 놓으셨습니다. 예수님의 끝은 벌거벗겨진 채 십자
가에 매달려 죽는 것이었습니다. 예수님 본인도 웬만하면 이 일이 자신을
지나가기를 바랐습니다(마 26:39). 그만큼 어렵고 힘든 결정이었습니다. 그
러나 그는 거절하지 않았고 모든 것을 자신의 일로 받아들였습니다. 그것
은 이 세상에서 가장 위대한 헌신이 되었습니다.

단기선교로 아프가니스탄에 갔다가 피랍되었던 샘물교회 선교 팀의 이
야기를 들었습니다. 그들의 의지와는 상관없이 벌어진 사건으로 온 나라

가 시끄러웠고, 기독교 내에서도 여러 관점의 이야기가 난무했습니다. 시간이 지나면서 알려지지 않았던 개인적인 이야기가 전해졌습니다. 뒷이야기 가운데 아프가니스탄에서 순교하신 배형규 목사님의 이야기를 신문기사로 읽었습니다. 특히 배형규 목사님의 좌우명이 잊혀지지 않습니다. 그분이 책을 읽고 공부하셨던 책상의 머리맡에 붙어 있었다는 글귀입니다.

"헌신은 마지막 것을 드리는 것이다."

이 말에 더욱 가슴이 뭉클해지는 것도 이 말씀대로 살아 내었던 목사님의 흔적이 있기 때문입니다. 하나님을 위해. 그리고 함께 고생하고 있는 사람들을 위해서 마지막 것을 기꺼이 드리던 그의 예배가 숭고했습니다.

지금으로부터 25년 전 배산초등학교에도 위대한 친구가 있었습니다. 마지막 것을 주던 친구가 있었습니다. 마치 예수님이 보여 주신 사랑을 누리게 한 친구였습니다. 그가 제게 해 준 것이라고는 노래 한 줄 불러 준 것밖에 없었습니다. 하지만 그 노래 한 소절은 자신의 모든 것을 쏟아 내는 사랑이었습니다. 그것은 마치 나를 위해 자신의 모든 것을 쏟아 낸 예수님의 헌신과도 같았습니다.

저는 확신합니다. 지금 도경이가 사는 곳은 참 아름다운 곳이 되었을 것이라고 말입니다. 그리고 도경이가 다니는 교회는 아주 좋은 교회일 것입니다. 만약에 도경이가 목사가 되어 한 교회를 섬긴다면 그 교회는 더할 나위 없이 훌륭한 교회일 것입니다.

지금 한 교회의 목사로 사는 제 자신을 돌아봅니다. 어떻게 살고 있나 생각해 봅니다. 아무리 따져 봐도 저는 도경이가 부른 노래를 부른 적이 없습니다. '예수님에게나 도경이에게나 받기만 했구나.'라는 생각이 듭니다. 그런 의미에서 배형규 목사님이 존경스럽습니다.

그리 머지않은 날, 제게도 가장 아름다운 노래를 부를 날이 올 것입니다. 목소리로 부르던, 몸으로 부르던, 반드시 불러내고 말 것입니다. 하나님과 나의 이웃에게 불러 드리고 싶습니다. 나의 마지막 것을 드리고 싶습니다.

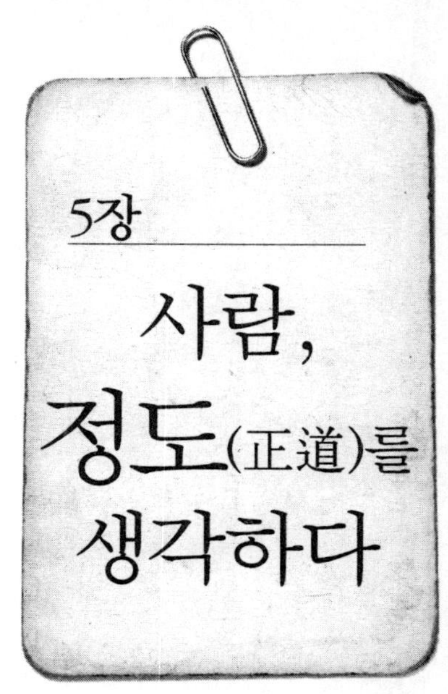

"이번 부흥회에 능력 있는 목사님이 오시니 함께 가자꾸나."

엄마의 말에 알았다고 대답한 것은 사실 다른 욕심이 있어서였다. 물론 부흥회에 가서 북을 치고 박수를 치고 우렁차게 찬송을 부르는 것이 재미있었고, 다리가 조금 저리긴 했지만 부흥사 목사님의 설교도 정말 재미있었다. 기차 흉내도 내시고, 개소리도 내시고 울기도 하시고 웃기도 하시는 박진감 넘치는 모습이 즐거웠기 때문이다. 하지만 부흥회 전후로 심하게 착해지는 엄마가 교회를 오가는 길에 뜬금없이 사 주시던 아이스크림이며 과자가 제일 큰 이유였다.

그런데 문제가 생겼다. 부흥회 첫날에 이번 목사님은 새우깡 봉지를 하나 들고 설교를 하셨다. 이 세상의 종말에 대해 이야기하시면서 새우깡 봉지에 찍힌 바코드를 잘 보라고 했다. 이 바코드가 머지않아 사람들의 이마빡에 찍힐 것이라고 했다. 이런 일이 닥친다면 목숨을 걸고 이 짐승의 표를 받지 말아야 한다고 하셨다. 그러려면 앞으로 이 바코드가 찍힌 음식은 절대로 사 먹지 말라고 하셨다.

그날 밤 집으로 돌아오는 길에 나는 굶어야 했다. 가게에서 파는 모든 과자와 아이스크림에 바코드가 여 보란 듯이 찍혀 있었기 때문이다. 이 놀라운 사실을 확인한 우리 엄마 역시 앞으로 "과자 일절 금지"를 선언하시고 말았다. 아직 이마에 찍는 것은 아니니까 괜찮을 거라는 소리는 아예 듣지 않으셨다.

그러나 이 심각한 과자 문제도 마지막 날에 일어난 참극에 비하면 아무것도 아니었다. 부흥회 마지막 날 목사님은 병이 든 사람을 안수해 줄 테니 앞으로 나오라고 하셨고, 어머닌 별다른 병도 없는 나까지 끌고 목사님 쪽으로 길게 늘어선 줄에 서셨다. 그런데 갑자기 예배당 문이 꽝하고 재껴지더니 이상한 아줌마가 뛰어 들어왔다. 그리고 온 예배당을 돌아다니는 것이다. 무슨 소린지 알아듣지도 못할 이상한 소리를 질러 대는 아줌마의 머리는 다 헝클어져 있었고, 옷도 더럽기 짝이 없었으며 눈에는 초점조차 없었다. 미친 아줌마였다. 부흥사 목사님은 그 아줌마를 "귀신들린 년"이라고 불렀다.

부흥사 목사님은 그 아줌마를 붙잡아 오게 하였다. 남자 어른 네댓이 붙어도 감당하기 어려운 괴력의 아줌마를 보며 그것이 귀신들린 증거라고 하셨다. 목사님도 긴장하신 듯했지만, 이제 귀신을 쫓아낼 것이니 모두 믿음을 가지고 함께 기도하자고 하셨다. 엄마와 나 그리고 예배당에 모인 모든 사람들이 그 아줌마에게서 귀신이 쫓겨날 것을 하나님께 구하고 기도했다. 그리고 목사님은 청천벽력 같은 소리로 귀신에게 호통을 치셨다.

"예수 그리스도의 이름으로 명하노니 이 더러운 귀신아 냉큼 나가라!"

잠시의 적막이 흐른 뒤, 나는 눈을 살짝 떠서 귀신들린 아줌마를 보았다. 히죽히죽 웃고 있었다. 상태가 여전했다. 급기야 그 아줌마는 우리 모두를 비웃듯이 큰 소리로 웃어 대기 시작했다. 아까보다 더욱 괴기스러운 소리를 질러대며 자신의 옷을 찢고 발광을 하였다. 끔찍한 광경이었다. 목사님이 차분하지만 단호한 목소리로 귀신이 쫓겨나지 않은 이유를 설명하셨다.

"이 자리에 하나님의 능력을 안 믿는 딱 한 사람이 있어~, 그 사람 때문에 귀신이 안 나가!"

나는 하나님의 능력을 잘 믿으니 나는 아닐 것이다. 그러나 곧이어 기절초풍할 말씀이 이어졌다.

"이번에 기도하면 귀신이 나갈 건데, 이 자리에 믿지 않던 그 사람, 우리 중에 믿음이 제일 작은 사람한테 이 귀신이 들어갈 것이다."

깜짝 놀란 나는 황급히 주변을 둘러보았다.

'이런! 다 어른이고 나만 애잖아?'

분명했다. 만약 저 귀신이 나온다면 가장 나이가 적어 믿음도 적을 나에게 들어올 것이다. 덜컥 겁이 났다. 부흥회에 잘못 왔다는 공포와 절망이 밀려들었다. 하지만 이미 때는 늦었고 나의 공포와는 아랑곳없이 귀신을 쫓아내려는 마지막 작업이 시작되었다. 필사적인 박수와 함께 믿음 충만한 "구주의 십자가 보혈로"라는 찬송이 시작되었고, 목청을 찢을 듯한 '주여 삼창'이 이어졌다. 나도 손바닥이 터져라 박수를 쳤고 목에 핏대를 세워가며 찬양을 불렀다. 마침내 목사님은 귀신들린 아줌마의 머리에 손을 얹고 기도를 시작하셨다. 예배당에 모인 모든 사람들도 다 함께 귀신이 쫓겨날 것을 큰 소리로 기도하기 시작했다. 나의 기도는 거의 울부짖는 괴성이 되었다. 하지만 그 괴성의 밑바닥에 소곤거리는 또 다른 의식이 있었다.

‘귀신이 나에게 들어오면 어떡하지?’

폭풍 같은 공포였다. 그 아줌마는 뚫어져라 나를 쳐다보며 말하는 것 같았다.

‘다음은 너야!’

나는 고개를 가로저으며 마음속으로 아니라고 크게 외치며 더욱 크게 기도했다. 뭐라고 말하는지 알지도 못하고 그저 부르짖기만 했다. 그러나 자꾸만 말소리가 들려왔다.

‘방금 실눈을 뜨고 나를 봤지? 그게 증거야. 으헤헤헤.’

이내 상상이 되었다. 귀신이 들린 내 모습, 옷을 찢고 괴성을 지르며 예배당에서 두 손 들고 뛰어다닐 모습을 말이다. 나를 향해 “귀신들린 놈”이라며 고래고래 소리치는 부흥사 목사님과 여러 어른들이 나의 팔과 다리를 붙잡고 박수를 칠 모습을 상상하니 이건 거품 물고 졸도할 일이었다. 미칠 것 같았다. 우레와 같은 기도의 함성 속에 믿음도 제일 적고 나이도 제일 적은 어린아이가 기도했다. 아주 간절히 기도했다.

“하나님, 귀신이 나오지 않게 해 주세요. 제발요…. 엉엉엉.”

그리곤 엄마의 손을 꽉 잡았다. 엄마도 나를 얼싸안고 큰 소리로 기도하셨다. 나를 위해서 기도하셨는지, 귀신들린 아줌마를 위해서 기도하셨는지, 능력 있는 목사님을 위해서 기도하셨는지는 알 수 없지만 엄마가 그렇게 크게 기도하시는 모습을 예전에는 본 적이 없었다.

평평 울면서 드린 나의 처절한 기도를 하나님께서 들으셨는지, 그래서 하나님께서 응답해 주셨는지 다행히도 귀신은 나오지 않았다. 나 대신에 그 불쌍한 아줌마가 거품을 물고 졸도하는 것으로 일련의 참극은 일단락

되었다. 부흥회를 마치고 집으로 돌아오는 늦은 밤길에 엄마와 나는 아무 말도 주고받지 않았다. 그저 집을 향해 지친 걸음만 묵묵히 떼었다.

이후 오랜 시간 부흥회는 나에게 공포의 이름으로 남았다. 다시는 못 갈 곳이 되고 말았다. 엄마도 그 일 이후 나더러 부흥회에 함께 가자는 말을 하시지 않았다. 부흥회의 다른 이름인 중고등부 하계수련회의 저녁집회 때까지 말이다.

제가 아는 하나님과, 어릴 적 부흥회를 인도하시던 목사님이 알고 있는 하나님은 전혀 다른 분 같습니다. 나의 하나님은 어떤 능력을 드러내기 위해서 우리 중 가장 믿음 없는 자나, 나이 어린 자나, 힘없는 자를 이용하는 분이 아니십니다. 오히려 정반대입니다. 과자의 바코드는 애교로 봐드릴 수 있습니다. 성경의 내용을 오늘의 현실에 적용하다 보면 그런 일들은 일어날 수 있다고 이해합니다. 하지만 우리 하나님의 성품을 훼손하는 일은 참기가 어렵습니다.

성함도 모르고, 얼굴도 기억나지 않는 '능력 있는' 목사님께 묻고 싶습니다. 무엇을 위해서 그런 식으로 부흥회를 인도하셨냐고 말입니다. 정말 그 당시 모인 사람들의 작은 믿음 때문이었을까요? 그래서 하나님의 능력이 드러나지 않아 속상하셨기 때문이었을까요? 만약에 그렇다면 당시의 부흥회가 믿음이 부족해서 귀신이 나가지 않는다고 나무라신다면, 정성이 부족해서 굿이 안 된다고 타박하는 무당의 굿과 무엇이 다릅니까? 아니면 귀신이 나가지 않는 일로 인해서 목사님의 위신이 깎인다고 여기셨나요? 사람들이 능력 없는 목사님이라 수군거릴 것이 걱정이 되셨습니까? 그렇다면 목사님은 하나님의 일을 하신 것이 아니라 자신의 일을 우리 하나님의 이름을 팔아 하신 셈이군요.

바라건대 지금은 그렇게 사역하지는 않으실 것이라 믿습니다. 만약에 지금도 우리 하나님을 그 정도로 천하게 여기고 계시다면 그것은 끔찍한 일입니다. 제가 아는 하나님은 결코 그런 식으로 일을 해결하시는 분이 아니기 때문입니다. 제가 무슨 군대귀신이 들어갔던 돼지 떼도 아니고 말입니다(눅 8:30-33). 예수님은 작은 어린아이 하나도 소중히 여기셨습니다. 그래서 다음과 같이 말씀하시기까지 했습니다.

"누구든지 나를 믿는 이 작은 자 중 하나를 실족하게 하면 차라리 연자 맷돌이 그 목에 달려서 깊은 바다에 빠뜨려지는 것이 나으니라."(마 18:6)

물론 어린 시절의 강사 목사님께서 저를 지목하신 건 아닙니다. 저 같은 것은 염두에 두지도 않았을 것입니다. 하지만 당시의 분위기를 생생히 기억하고 있습니다. 목사님은 선한 목적을 이루기 위해서 마이크를 잡고 사람들을 겁주기 시작했습니다. 그 뒤 공포에 질린 사람들, 귀신을 쫓아내기 위해 악을 쓰시던 목사님이 생각납니다.

그때는 몰랐지만 그 자리는 결코 하나님이 원하시는 자리, 하나님의 뜻대로 움직이는 자리가 아니었습니다. 우리 하나님은 특정한 목적을 이루기 위해서 사람들을 위협하고 겁주며 일하시지 않습니다. 어린아이 하나라도 그 자리에서 실족하여 넘어지지 않도록 세밀하게 보살피시며 일하시는 분입니다. 제가 알고 있는 하나님은 그런 분입니다.

저는 믿고 있습니다. 하나님께서 저를 더 나은 그리스도인으로 만들어 가시는 것같이, 그 목사님도 잘 만들어 가셨으리라고 말입니다. 자신의 목적을 위해서 아니면 자신이 맡은 일을 더 잘 해내기 위해서라도 과장하고, 없는 말을 덧붙이고 심지어 신앙을 왜곡하는 일이 없는 올곧은 분이 되었으리라 믿습니다. 조금 덜 능력 있는 분으로 인정되더라도 바르고 올바른 일 위에 서 있는 분이 되었으리라 믿습니다. 우리 하나님께서 그냥 내버려두지 않았을 것이 분명하기 때문입니다. 우리 아버지 하나님은 한 사람도 가장 소중히 여기시고 끝까지 사랑하시는 그런 분입니다.

이러한 하나님의 마음을 본받아서 이 땅의 그리스도인들이 특별히, 그리스도인의 조직에서 힘을 가진 높은 분들이, 여리고 어린 영혼 하나라도 힘써 지키겠다는 마음으로 정도(正道)를 걸어 주셨으면 좋겠습니다. 조금 늦어지거나 선한 일을 이루어 내지 못할까 봐 목사님들이 가장 바른 길을 포기하실 때에 많은 사람들이 넘어집니다.

교단에서 특정한 자리를 놓고 다투거나, 선거라도 할 때에 돈 봉투를 돌리는 일 때문에 많은 사람들이 넘어집니다. 교회가 세상과 전혀 다를 것이 없고 오히려 세상보다 더럽다고 조롱을 받습니다. 목사님들께 대놓고 이런 이야기를 하지 않았다고 자신은 이런 지적에서 자유로울 것이라고 생각해서는 안 됩니다.

자신의 아들에게 교회를 물려주려고 애를 쓰시는 동안 많은 사람들이 실망합니다. 결국은 하나님의 일을 하신 것이 아니라 하나님의 이름을 빌어 자기 집안일을 하셨던 것이 폭로되기 때문입니다. 그리고 성도들은 다시는 하나님의 교회에 헌신하라는 말에 감동을 받지 않습니다. 세상은 사회보다 낮은 교회의 수준에 혀를 찹니다.

또 목회를 잘하기 위해서 성경에도 없는 말을 지어내어 강요하지 않았으면 좋겠습니다. 목회를 경영과 혼돈하시면, 성도들은 자신들이 비인격적인 대우를 받고 있다는 사실에 분노합니다. 하지만 대부분은 아무 내색을 하지 않고 교회를 다닙니다. 문제나 일으키는 소란스러운 사람이라는 낙인이 부담스러워 속앓이를 하며 견딥니다. 이 세상에서 가장 즐겁고, 세상살이의 힘을 얻어야 할 교회를 견디며 다녀야 하는 것은 정말 비극적인 일이 아닐 수 없습니다. 그러면서 교회조직 가운데 아무 발언권도 없는 수많은 평신도들은 절망하며 교희와 교회의 목회자들에게 소통의 창을 닫아 버리고 맙니다. 이러한 목사님들을 참아 내면서 교회를 다녀야 하는 성도들의 불쌍한 마음을 기억해 주셨으면 합니다. 그들의 믿음을 실족시키거나 마음에 실망을 심는 것은 바른 길이 아닙니다.

얼마 전 김두식이라는 분이 쓴 『교회 속의 세상 세상 속의 교회』를 힘들게 읽었습니다. 이 책의 저자가 평신도였기에 읽기가 더욱 아팠습니다. 이 책에는 가슴 아픈 우리 교회의 모습들이 평신도의 시선으로 기록되어 있었습니다. 만약 제가 이분 앞에 선다면 목사인 저 자신이 그다지 자랑스럽지 않을 것 같습니다. 글로써 자기의 생각을 대중들에게 펴낼 수 있는 분들은 그나마 다행입니다. 이런 기회나 능력이 없이 그저 견디고 있는 사람들을 생각하면 가슴이 시립니다.

개인적인 차원에서 뿐만 아니라 사회적인 이슈에 대해서도 교회의 자리가 잘 정돈되어 가기를 바랍니다. 사회적인 가치의 한쪽에 서서 교회 스스로가 사회적인 적들을 양산하는 일이 가슴 아프기 때문입니다. 예를 들어 뭇 교회들이 서울 시청 앞 광장에서 나라를 위한 구국기도회라도 열 때에 뜬금없이 성조기를 흔들지 않았으면 좋겠습니다. 차라리 만국기가 낫겠습니다. 선거철이 되면 느닷없이 나타나는 기독교 정당으로 사회의 웃음거리가 되지 않았으면 좋겠습니다. 이는 각 정당에 소속되어 있는 기독 정치인들에 대한 교회의 신앙적 책임을 포기하는 일이기도 합니다. 교회는 그분들을 잘 양육해서 선한 뜻을 이루어 갈 수 있습니다. 교회가 생뚱맞은 일에 나서지 않아도 얼마든지 교회의 뜻을 이룰 수 있습니다. 우리 교계의 어르신들이 그분들을 포기하지 않으셨으면 좋겠습니다.

교회는 언제나 세상으로부터 조롱과 박해를 받아 왔습니다. 하지만 최근에 교회에 쏟아지는 비난의 성격은 예전과 다른 것 같아 걱정입니다. 예전에는 교회가 심하게 교회다워서 받은 조롱이었다면 요즘은 교회가 교회답지 못해서 받는 비난들이기 때문입니다. 교회 스스로가 자신의 가치를 떨어뜨리는 일이 많기 때문입니다. 예로, 새로 지어진 아파트에서 벌어지는 각 교회의 전도대 광경이 그렇습니다. 새로 이사 온 집을 두고 경쟁을 넘어 싸움을 벌이는 일이 있을 정도입니다. 곁에서 보는 이가 혀를 차며 교회를 업신여깁니다. 또 교회어서 신앙생활하다가 수가 틀리면 자기를 환영할 다른 교회에 가 버리면 그만인 이상한 세상이 되고 말았습니다. 그저 전도의 시간이 서로를 격려하며 즐거운 시간이면 족하다 싶습니다. 그 행복한 모습을 교회 밖 사람들은 더 궁금해 할 것입니다. 마치 경쟁사를 옆에 둔 판축 사원들처럼 서로에게 냉랭한 모습은 참으로 슬픈 광경입니다.

이런 일들도 그럴싸하게 포장될 수 있습니다. 그러려면 아주 긴 설명들이 필요하고 구차한 이해들이 필요합니다. 그 초라한 풍경들 속에 큰 위기를 맞고 고통을 맞이할 성도들이 있고, 교회 밖의 사람들이 있습니다. 어떤 판단을 내릴 때에 뭇 성도들을 가장 귀한 기준으로 여기셨으면 좋겠습니다. 가장 어린 믿음들을 기준으로 삼았으면 좋겠습니다. 그리고 아직 교회 공동체에 편입되지 못한 사람들의 시선에서도 가장 바른 선택들을 하시면 좋겠습니다. 우리 그리스도께서는 큰 교회나 좋은 목회를 목적으로 죽으신 것이 아니라 그 작은 영혼들과 심성들을 위해 죽으셨기 때문입니다.

얼마 전부터 나 자신이 얼마나 공의로운 사람인가를 체크하는 기준을 갖게 되었습니다. 제가 속한 교회나 가정이 얼마나 공의로운 곳인가를 살피는 가장 빠르고 정확한 방법의 하나를 깨달았습니다. 그것은 우리 공동체 안에서 가장 힘없고 연약한 사람이 나로부터 어떤 대접을 받고 있는가를 보는 것입니다. 즉 제게 매력적이지 않고 별다른 도움도 되지 못하고 있는 사람들이 저에게 어떤 대접을 받고 있는가를 살피는 것입니다. 그것으로 제가 얼마나 공의로운 사람인지를 알게 됩니다. 바라기는 제가 더욱 공의로운 사람이 되고 싶습니다.

우리 교회가 좀 더 공의로운 곳이 되기를 바랍니다. 우리나라가 조금만 더 공의로운 사회가 되었으면 좋겠습니다. 우리는 아직 덜 다듬어진 사회에서 불공평의 쓴맛도 보고, 공의로움의 즐거움도 아울러 맛보았습니다. 그 안에서 하나님이 요구를 느끼곤 합니다. 그것은 '너부터 그 안에서 정도(正道)를 걸어가라.'는 도전입니다.

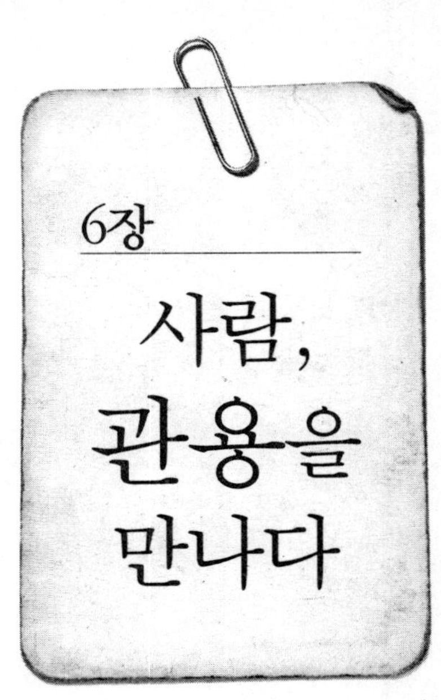

"뭐라꼬? 연합체육대회?"

눈이 번쩍 떠졌다. 무료하고 심드렁한 시간을 단박에 날려 보낼 말이었기 때문이다. 하늘이 높고 날씨도 청청한 가을은 학교에서나 교회에서나 더할 나위 없는 운동회 시즌이다. 이 좋은 계절을 학교만 애용하던 것이 섭섭하던 차에 내가 다니던 교회에서도 체육대회를 연다니 눈이 번쩍 떠질 수밖에. 그것도 우리 교회 사람들만 하는 게 아니라, 여러 교회가 참가하는 노회 연합체육대회라니 말이다.

교회에서 사람들의 인정을 받는 데에 가장 좋은 것은 목사님 아들 동수같이 노래를 잘 부르는 것이다. 그러면 성가대나 각종 찬양단에서 섭외가 들어온다. 게다가 성탄절 같은 교회 절기가 되면 많은 사람들 앞에서 뽐낼 기회도 많다. 하지만 나처럼 노래를 특별하게 잘하지 못하는 사람에게는 남의 이야기일 뿐이다. 내가 사람들 틈에서 잘한다고 뻐길 수 있는 것은 오직 달리기뿐이었다. 그런데 교회에서는 달리기를 할 일이 없으니 아쉬웠다. 간혹 있다는 달리기 시합도 누가 이겨도 좋은 우리 교회 안에서의 일이었다. 그러나 이번에는 얘기가 달랐다. 전도사님은 물론 교회 목사님까지도 이번 연합체육대회에서 우리 교회가 꼭 우승을 해야 한다고 강조에 강조를 하셨다.

각 교회마다 교회의 명예를 걸고 출전 준비에 한창이었다. 특히 주일학교에서는 학년별로 달리기 선수를 뽑았다. 5학년이었던 나는 학교에서도 100미터 달리기를 하면 두세 손가락에 드는 실력이었던 터라 교회에서 하는 달리기 시합이야 거뜬히 선수로 뽑힐 수 있었다. 주일마다 공과를 함께하는 우리 반 아이들의 면면을 보면 특히 그랬다. 담임 목사님의 아들인 동수나 내 친구 도경이 수준의 아이들이었다. 이 정도 아이들은 달리기 도중 한 번쯤 넘어져도 이길 수 있다고 생각했다. 그래서 여유로운 마음으로 선발전을 기다렸다.

드디어 나를 뽑낼 수 있는 거의 유일한 시간인 선수 선발전이 다가왔다. 학교 운동회에서도 반대표 계주 선수로 뽑혀 유감없이 실력을 발휘한 터라 나와 달릴 우리 교회의 5학년 아이들은 애초부터 의욕이 없었다. 그래서 선수 선발전은 아주 싱겁게 끝이 났다. 결승전에 도착할 즈음엔 뒤쫓아 오던 도경이를 향해 손을 흔들며 뒤에 벙어리들이 쫓아온다고 농담할 여유까지 있었다. 동수는 더 뒤에 보이지도 않았다.

동수는 만능 스포츠맨이었다. 특히 배구를 잘했다. 그 외에 노래를 잘 부르고 피아노도 잘 쳤다. 물론 공부도 잘했다. 피아노는 교회의 반주자 누나가 가르쳐준다고 하고, 공부는 공부 잘하는 청년회 형이 과외를 해 준다는 이야기를 들었다. 동수를 볼 때면 하나님은 모든 사람을 똑같이 사랑하신다는 전도사님의 말씀이 썩 믿기지 않았다. 하지만 지금은 달리기니 그런 동수도 내 상대가 되지 못했다. 이제 남은 것은 진짜 시합인 노회 연합체육대회뿐이었다. 자신 있었다.

체육대회를 기다리며 일전을 벼르고 있던 터에 긴장할 만한 소식이 전해졌다. 이번에 참가하는 어떤 교회의 선수들 중에 학교에서 육상부인 아이들이 끼어 있다는 것이다. 이 말을 들은 나는 그날 밤부터 야간 훈련에 돌입하였다. 부산 바닥에서 육상 선수로 이름을 날리던 누나의 지도로 스타트 연습도 했다. 누나는 더욱 잘 달리려면 무릎을 가슴에 붙이듯이 들어 올리며 달려야 한다고 알려 주었다. 그래서 어기적거리며 뜀박질 연습도 했다. 그러다 넘어져 무릎이 깨지기도 하였고, 어두운 운동장에서 뛰다가 축구골대를 들이받아 큰일 날 뻔하기도 했다. 하지만 우리 교회의 명예와 아울러 그 속에 작게 낀 나의 자존심을 위해 열심히 연습에 매진하였다.

드디어 노회 연합체육대회 날이 왔다. 널따란 운동장에 저마다 교회이름이 선명한 피켓을 들고 입장하였고, 교회별로 지정된 자리에 앉아 경기를 지켜보았다. 물론 응원도 열심히 했다. 심하게 훌륭한 우리 교회의 아저씨 집사님들이나 형들은 축구에 모든 것을 걸었다. 서로 간에 티격태격했지만 나름대로 분전하여 축구는 연승을 이어갔다. 하지만 피구는 아깝게도 떨어졌다는 비통한 소식도 전해졌다. 그러나 나의 관심은 오직 하나 5학년 남자반 100m 시합이었다.

드디어 5학년 남자반의 예선전이 벌어졌다. 출발선에 선 사람들은 저마다 강력한 포스를 내뿜으며 대기하고 있었다. 그중 각 조에서 2명 만이 결승전에 진출할 수 있다는 소식에 더욱 긴장했다. 귀청을 울리는 스타트 총성과 함께 길게 늘어섰던 선수들이 한꺼번에 튀어 나갔다. 나는 땅만 바

라보고 죽어라 뛰었다. 어딘가에 음흉한 미소의 선수 출신이 있을 것이라
는 생각에 이를 악물고 내달렸다. 그리고 결승선을 통과하고 뒤를 돌아보
았다.

"오, 하나님!"

내가 1등을 한 것이다. 물론 가장 기뻐한 것은 우리 교회 8구역장인 엄
마였다. 엄마는 우리 교회 응원단의 자리에 돌아와 결승전을 기다리는 내
게 연신 수박을 권하셨고 장하다고 머리를 쓸어내리셨다. 물론 난 스스로
도 이런 대접을 받을 자격이 충분하다고 여겼다. 그때 하나님의 은혜였다
는 겸손어린 말은 몰랐고, 무조건 내가 잘해서 된 것이라 생각했다. 그리
고 분위기가 이러니 반드시 1등을 하고 말겠다고 다짐했다.

드디어 결승전이 시작되었다. 4학년 남자부와 여자부의 경기가 벌어지
는 것을 대기석에서 지켜보았다. 다들 나보다는 좀 못하지만 꽤나 잘 달린
다고 생각했다. 잠시 후면 드디어 내가 나설 차례이다. 이제 남은 것은 1등
의 뿌듯한 만족감을 온 가슴으로 느끼고, 우리 엄마의 환한 웃음을 보는
것뿐이었다. 출발선에 서서 몸을 풀고 있었다.

우리 교회 전도사님이 나에게 뛰어오셨다. 곁에 와서는 내 팔을 흔들며
귀에다 조용히 소곤거리셨다.

"넌 이번 말고 다음에 뛰어. 여기서 기다리고 있어. 좀 이따가 부를게."

그리곤 내가 뛰어야 할 곳에 동수가 들어섰다. 조금 이상하다는 생각
을 했지만 다음 순서에 뛰면 된다고 생각했다. 전도사님이 좀 이따가 부르
러 오시면 그때 열심히 뛰어서 1등을 하겠다고 다짐했다. 그리고 대기석
옆쪽에 서서 계속 몸을 풀고 있었다. 그리고 기다렸다. 마냥 기다렸다. 그
러나 아무도 나를 데리러 오지 않았다.

  6학년의 순서까지 모두 끝났는데도 전도사님은 저 멀리서 줄다리기에 나갈 사람들의 명단만 목청껏 외치고 있었다. 줄다리기도 끝이 났고, 축구 결승에, 마지막 순서인 계주까지 다 끝나도록 나는 100m 달리기 대기석에 마냥 서 있었다. 그때까지도 나 혼자 무슨 일이 곧 일어날 거라는 한줄기 희망을 붙잡고 사각의 운동장을 지켰다. 그러나 아무도 내 이름을 부르지 않았고 내 손을 잡고 어디로라도 이끌어 가지 않았다. 사각의 운동장은 너무 차가웠다. 나에게 무슨 일이 일어났는지 도무지 이해할 수가 없었다. 그렇게 푸른 운동회는 잿빛으로 끝나고 달았다.

  집으로 돌아오는 길에 서럽게 울었다. 왜 그렇게 눈물이 났는지 알 수 없었지만 닭똥 같은 눈물이 소리도 없이 흘러내렸다. 지금도 그렇게 울던 기억만 선명하다. 울던 기억 외에 아무것도 기억나지 않는다. 어떻게 집에 왔는지, 집에 와서 무엇을 했는지 도무지 기억나지 않는다. 관련해서 기억 나는 유일한 기억은 노회 연합체육대회의 며칠 뒤가 목사님 아들 동수의 생일이었다는 것이다.

　나 역시 동수의 친구 자격으로 생일잔치에 초대되었다. 동수에 대한 앙금이 여전했지만 어떻게 하다가 5학년 남자아이들이랑 동수의 집에 들어갔다. 그러니까 처음으로 가 보는 목사님의 집이었다. 먼저 우리를 맞이해 주신 것은 사모님, 동수의 엄마였다. 아주 친절하셨다. 다음으로 눈에 띈 것은 동수의 방에 있는 이층 침대였다. TV에서 부잣집이 나올 때나 가끔 봤던 이층 침대가 있었다. 그러나 다른 아이들처럼 놀라거나 좋아하지 않았다. 물론 올라가 보지도 않았다. 그렇게 마냥 좋아만 하기에는 동수에 대한 원한이 너무 깊었다.

　음식이 나왔다. 음식은 한 점도 먹지 않겠다고 각오했다. 생일 집에 오기 전부터 먹었던 마음이었다. 그런데 생일상 중앙 케이크 옆에 처음 보는 음식이 있었다. 닭을 썰어 기름에 튀겨놓은 것이었다. 여태까지 내가 본 닭 요리는 백숙이나 닭죽이 고작이었다. 아주 가끔 닭도리탕을 먹은 기억은 있었다. 그런데 닭을 작은 크기로 잘라 밀가루 옷을 입혀서 튀겨 놓다니 이건 놀란 만한 작품이었다. 냄새부터가 닭죽하고는 차원이 달랐다. 동수가 거드름을 피우며 말했다.

　"이건 후라이드 치킨인데, 억수로 맛있는 기데이. 한 무 봐라."

　아이들은 환호성을 치며 후라이드 치킨을 집어먹었다. 어떤 놈은 양손에 하나씩 쥐고 뜯어먹었다. 저걸 먹어야 하나 말아야 하나 한참을 갈등하였다. 며칠 전 체육대회의 앙갚음은 하지도 못했는데, 여기서 좋다고 치킨을 뜯는 것은 자존심이 허락하지 않았다. 대신 한발 양보해서 죄 없는 콜라만 들이켰다. 그렇게 아무도 알아주지 않는 나의 유치한 복수극은 그렇게 끝이 났다.

　진짜 복수는 하나님이 해 주셨다. 그 무렵 학교에서도 운동회가 한창이었다. 한 달 전부터 각종 종목의 예선전이 있었고 우리 반은 만능 스포츠맨 동수의 활약으로 각종 대회에서 선전을 펼치고 있었다.

　여러모로 봐도 동수는 잘난 녀석이었다. 모든 것을 갖춘데다가 얼굴까지도 잘생겼으니 말이다. 게다가 우리 반 반장이었다. 주변의 여자아이들은 가수 겸 영화배우인 전영록을 닮았다고 수군거리며 지들끼리 좋아했다. 동수는 학교에서 언제나 인기를 독차지하며 살아왔다. 그런 동수와 한 반에 있다는 것은 나에게 저주와도 같았다. 동수랑 같이 길이라도 걸을 때면 나는 동수를 빛나게 하기 위한 장식품 같다는 생각이 들었다. 같은 교회를 다녔을 뿐만 아니라 학교생활을 함께한 지도 4년 정도가 되었으니 익숙해질 때도 되었건만 동수에 대한 열등감은 쉽게 가시지 않았다.

　요즘 한창인 운동회에 동수는 전 종목에 주전 선수로 출전하였고, 반장으로서 모든 일을 진두지휘했다. 주변의 사람은 동수가 있는 반이 언제가 강력한 우승 후보라고 추켜세웠다. 어깨가 으슥해진 담임 선생님의 총애가 동수에게 쏠리는 것은 어쩌면 당연한 일이다.

　동수가 제일 잘하는 운동은 뭐니 뭐니 해도 배구다. 동수가 현란한 개인기와 가공할 만한 스파이크로 플레이를 할 때면 전교생의 시선은 늘 동수에게 쏠렸다. 동수가 전교생의 시선을 한 몸에 받는 것은 그렇다 치지만, 그중에는 내 짝사랑 소연이와 친구 도경이도 끼여 있다는 사실이 나를 가슴 아프게 했다.

　동수가 멋진 '백-어택'을 성공시켜 점수라도 올리면 소연이는 거의 졸도할 정도로 소리를 지르고, 속도 없는 도경이는 펄쩍펄쩍 뛰며 좋아라 했다. 나는 그런 소연이를 넋 놓고 바라보다가 응원 수술을 잘못 흔든 죄로 선생님께 욕이나 먹고 앉아 있어야 했다.

"응원하기 싫으면 주전자에 물이나 떠 왓!"

선생님의 고함 소리를 듣고 대열에서 빠져나와 주전자를 쥐는데, 선생님이 더욱 험악한 얼굴로 고래고래 소리를 지르며 욕을 해댔다. 주변이 시끄러워 무슨 소린지 알아들을 수는 없었지만 아무튼 기분 나쁜 욕이 분명했다.

'자기가 물 떠 오랬으면서 괜히 신경질이네.'

구석에 다시 쭈그리고 앉아 떨어뜨린 수술을 주섬주섬 주워 올렸다. 아마 때마침 동수가 멋진 스파이크로 점수를 내지 않았더라면 따귀라도 한 대 얻어맞았을 것이다. 어찌 보면 나는 선생님의 말씀대로 하는 짓마다 칠칠맞은 것 같다. 어쨌든 동수의 활약으로 우리 반은 배구에서 결승전에 올랐다.

결승전은 운동회 날에 열렸다. 결승전에서 맞붙을 3반도 전력이 만만찮아 모두들 대접전을 예상하고 있었다. 예상대로 경기는 용호상박(龍虎相搏)이었다. 결국 세트 스코어는 2:2였고 전교생이 이 경기를 집중하고 있었다. 그리고 전교생은 동수의 동작 하나하나에 환성을 지르기도 하고 아쉬움을 표하기도 하였다. 내 눈에 동수는 마치 오케스트라의 지휘자처럼 보였다. 그의 동작 하나하나에 전교생이 움직였다. 탄성과 아쉬움과 열정 어린 응원으로 하모니를 이루는 듯했다.

동수가 서브를 넣을 차례가 되었다. 동수는 보무도 당당하게 흰 배구공을 튀기며 걸어 나갔다. 그리고는 멋지게 머리카락을 뒤로 쓸어 넘기고는 그 특유의 자신감 넘치는 미소를 지어 보였다.

동수는 공을 땅에 한 번 꽉 튀기더니 공을 하늘 위로 높이 던졌다. 그리고는 사뿐사뿐 뛰어 점프를 하는가 싶더니 하늘의 공을 쫓아 멋진 포물선을 그리며 비행을 하는 것이다.

'저게 TV에서나 보던 스카이 서브라는 거구나!'

온 세상이 잠시 고요해졌고 모두들 멋있는 동수의 폼에 숨을 죽이고 탄성을 자아내려는 순간, 오늘의 사건이 터지고 말았다. 하나님의 복수가 시작된 것이다. 동수가 공을 헛치고 말았다. 헛친 것까지는 좋은데, 공을 헛치고선 모양도 괴상하게 땅바닥에 내동댕이쳐진 동수는 괴성을 지르며 땅바닥에 누워 버렸다. 그리고는 절규어린 비명과 함께 빙글빙글 도는 것이다. 마치 시곗바늘처럼 말이다. 그때 누군가가 외쳤다.

"팔이 빠졌다!"

옆에서 심판을 보던 선생님이 뒤뚱뒤뚱 뛰어오셨다.

"저리들 비켜! 어디 보자~. 이런, 팔이 완전히 빠져 버렸네."

유도를 잘하신다는 뚱뚱한 선생님은 주위의 아이들 보고 동수의 사지를 꽉 잡으라고 하셨다. 그리고는 자기 발을 동수의 옆구리에 대고는 빠진 팔을 쭉 뽑았다. 그리고는 이리저리 돌려 보더니 턱하고 밀어 넣으셨다. 우지끈하고 소리가 났다. 모두들 숨죽여 지켜보는 가운데 동수는 더욱 괴기한 괴성을 질렀고 그의 입에서는 침이 흘러내려 흙과 범벅이 되었다. 동수는 흙에 범벅이 되어 엉덩이를 쳐들고 온 땅을 기어 다녔다.

그런데 일이 더 꼬이고 말았다. 동수는 더 아파했다. 이제 거의 실신할 지경이었다. 누군가가 옆에서 팔이 거꾸로 들어갔다고 소리쳤다 모양이 더 요상하게 구겨진 동수는 이성을 잃고 온몸을 부들부들 떨었다. 자세도 이상한 동수의 몸뚱이에 팔이 굉장히 어색하게 붙어 있었다. 당황한 선생님은 다급히 소리쳤다.

"야! 다시! 한 번 더 해 보자."

동수의 눈이 뒤집혔다. 나는 그 순간을 분명히 보았다. 결국 동수는 졸도했고, 더 놀란 선생님은 동수의 따귀를 때리며 정신을 차리라고 소리도 쳐 봤지만 소용이 없었다. 이미 동수의 입에서는 거품이 일고 있었다. 기도가 막혀 죽을지도 모른다는 선생님의 울부짖음 속에 저 멀리서 간호 선생님이 뛰어왔고, 누가 신고를 했는지 저 멀리 앰뷸런스가 교문을 통과하고 있었다.

우리 반은 배구 결승에서 3반에 지고 말았다. 괜한 똥폼 잡다가 경기를 망쳤다는 원망의 소리도 들렸다. 그리고 우리 반이 우승하기 위해서는 내일 있을 축구에서는 반드시 이겨야 한다고 했다. 그리고 병원에 실려 간 동수 대신에 내가 센터 포워드를 맡게 되었다. 하나님의 복수극은 정말 통쾌했다. 하지만 동수가 불쌍하다는 생각 때문에 그리 기쁘지는 않았다.

노회 연합체육대회와 관련해서 기억나는 다른 일은 전혀 없습니다. 울면서 돌아왔던 일과 며칠 뒤에 이어진 복수극밖에 없습니다. 또 하나 있다면 교회 전도사님과 거의 없는 사람처럼 무시하며 지냈다는 사실입니다. 물론 저 혼자 그런 거지요.

응원단에서 분명히 나를 보고 계셨을 엄마를 떠올리게 된 것도 최근의 일이랍니다. 궁금해집니다. 교회 집사님이자 8구역장님인 우리 엄마의 심정이 말입니다. 노회 연합체육대회로 인해서 우리 집에서나 교회에서 아무런 일이 일어나지는 않았습니다. 그러면 엄마도 아무런 일이 없었다는 듯이 넘어갔다는 것인데 말입니다. 혹시 엄마도 저처럼 은밀한 복수극으로 만족하셨는지도 모르겠습니다.

하지만 여태까지 어머니게 그때 일을 묻지 못했습니다. 왜냐하면 저에게는 여쭤 볼 엄두도 내지 못할 만큼 쓰라린 기억이었으니까요. 그리고 그 아픔을 넉넉히 품게 되었을 때에는 엄마는 벌써 이 세상 사람이 아니셨으니 말입니다. 천국에서 엄마를 만나면 꼭 물어볼 것입니다. 그때 무슨 일이 있었냐고 말입니다. 그러면 엄마가 이렇게 대답하셨으면 좋겠다.

"아~ 그때? 목사님 아들이 아무것도 못하고 처량하게 앉아 있길래, 이 엄마가 그러라고 했다. 목사님이나 전도사님은 극구 말리셨는데, 내가 억지로 그렇게 하라고 했다. 그리고 네가 잘 받아들여줘서 고맙다, 아들아."

만약에 저의 바람이 틀리고 다른 이유에서였다면 그 전도사님께도 묻고 싶습니다. 제가 용기가 없고 미성숙해서 전도사님께 직접 여쭙지 못했던 말입니다. 만약에 물었다면 저의 모든 오해가 풀렸을 수도 있습니다. 하지만 저는 그다지 지혜롭지 못한 사내아이였습니다. 전도사님이 지금 제 앞에 계시면 이제 물을 수 있습니다.

"전도사님! 그때 왜 그러셨나요? 무슨 일이 있었던 거죠?"

이 질문을 던져 놓고 보니 참 슬퍼집니다. 왜냐하면 아무리 좋은 답변을 짜내려고 해도 도무지 떠오르지 않으니 말입니다. 담임 목사님의 아들 동수가 교회 체육대회에서 아무것도 맡지 못해서 아버지께 투정을 부렸을 수도 있습니다. 그래서 목사님이 짠한 부성애를 빌미로 모든 일이 지시되었을 수도 있습니다. 아니면 담임 목사님을 잘 보좌하는 것만이 부교역자의 유일한 사명으로 아는 전드사님이 알아서 충성을 했을 수도 있습니다. 하지만 어떤 이유에서건 저에게 꽤 긴 설명과 구차한 변명을 늘여 놓아야 할 것입니다. 대부분의 경우에 옳은 일과 그른 일은 선명하게 구별되기 마련입니다. 필요에 따라 그 선명한 구별을 넘나들려 하니 설명이 길어지고 변명이 치졸해집니다. 어떤 이유에서건 자기 자신의 이익을 위해서 아무것도 모르는 한 사내아이를 희생시키는 것은 하나님의 방법이 아닙니다. 하나님의 방법을 운운하는 것조차 사치일지도 모릅니다.

최소한 나를 위해서 하나님이나 교회를 이용하는 일은 없어야 합니다. 이런 죄악은 교회를 다니지 않는 이른바 불신자들은 지을 수 없는 죄입니다. 오직 교회를 다니는 그리스도인들만이 짓게 되는 죄입니다. 어린 시절의 작은 일을 너무 비약한다고 여길지도 모르겠습니다. 하지만 제 생각에는 일의 대소(大小)를 떠나서 그 심보는 같습니다.

결과적으로 어린 시절의 일로 인하여 저에게는 큰 유익이 되었습니다. 아무쪼록 제 일생에 신앙이란 이름으로 하나님을 이용하거나, 목회라는 이름으로 교회와 성도를 이용하는 일이 없기를 기도하게 되었기 때문입니다.

저와 같이 전도사님도 변했으리라 믿습니다. 지금은 한 영혼을 그렇게 대하진 않으리라 확신합니다. 왜냐하면 우리의 하나님이 전도사님도 올곧게 만들어 가셨을 것이 분명하니 말입니다. 저를 그냥 버려두지 않으셨던 하나님께서 전도사님도 그냥 버려두지 않으셨을 것이 분명합니다.

담임 목사님도 모든 일의 진행을 알고 계셨겠지요. 그렇다면 목사님께도 드릴 부탁이 있습니다.

"목사님의 자녀들이 교회에서 귀족으로 자라지 않게 해 주십시오."

대부분의 목회자 자녀들은 목사의 자녀였기에 일방적으로 교회로부터 부여받았던 부담감을 이야기합니다. 하지만 그들이 다른 이들의 큰 시험거리였다는 것을 말하는 사람을 만난 적은 없을 것입니다. 대부분의 교회에서 목사들의 자제들은 가만 내버려 두면 귀족이 됩니다. 귀족이 되어 교회의 각종 특권을 누리는 그들은 다른 이들의 시험거리가 될 때가 많습니다. 목사님과 사모님이 나서서 이 일을 막아야 합니다. 다른 성도를 위해서나 목사님의 자녀를 위해서 꼭 필요한 일입니다. 물론 목회 초창기 어려운 시절 목사의 자식으로 태어나 많은 고생을 한 것에 대한 부성애의 보상이라고 이해하고 싶습니다. 개척 초기부터 목사님의 사택과 교회의 구분이 명확하지 않아 생기는 착오라고 받아들일 수 있습니다. 하지만 그것을 다른 사람에게 이해시키거나 아무 말하지 않고 있는 다른 갑남을녀의 성도들과 그의 자식들에게는 참 힘든 일입니다. 하나님의 나라에, 하나님의 유업 위에 기생하는 귀족이 존재하는 것은 실로 무시무시한 일입니다.

얼마 전에 '무소유'로 유명했던 한 스님의 입적 소식이 온 나라에 뉴스거리가 되었습니다. 그때에 지나가던 길에 한 신문의 기사 제목을 읽었습니다. "불교는 무소유, 기독교는 과소유"였습니다. 물론 과장된 타이틀이라 생각합니다. 하지만 어느 곳, 특정 사람들에게는 이 말이 제목으로 쓰일 만한 일이 있었나 봅니다. 그래서 부끄럽습니다. 어떤 일이 있었는지 저는 잘 모르지만, 자신의 목적을 위해서 헛말을 하거나 연약한 성도의 영혼을 짓밟는 일은 아니었기를 바랍니다. 그것이 아주 작은 일이라 과소유라고 부를 만한 일이 못되더라도 그 뿌리는 같기 때문입니다.

교회 안에서 하나님의 것을 나의 것으로 오해하기 시작하였을 때, 소유의 문제는 중요한 사안이 됩니다. 그리고 그 소유의식 가운데에 목사님의 자제들은 자연스레 교회의 특권을 누리는 데 익숙한 귀족들이 되고 맙니다. 심지어는 목사님이 평생을 걸고 만들어 가신 목회의 유산이 하나님의 것이 되지 못하고 개인적인 야망으로 전락하고 말지도 모릅니다. 마치 하나님의 법궤를 자신의 소유인 양 여겼던 웃사처럼 말입니다(삼하 6:6-7). 하나님은 이런 일이 교회 안에서 지속되는 것을 결코 가만히 보고만 계시지는 않을 것입니다(삼하 6:8). 이는 제가 지금 목사로 있기 때문에 이런 이야기를 해도 경우에 합당한 말이 되겠다 싶어서 하는 말입니다. 최소한 언젠가는 자성(自省)의 소리는 될 것이기 때문입니다.

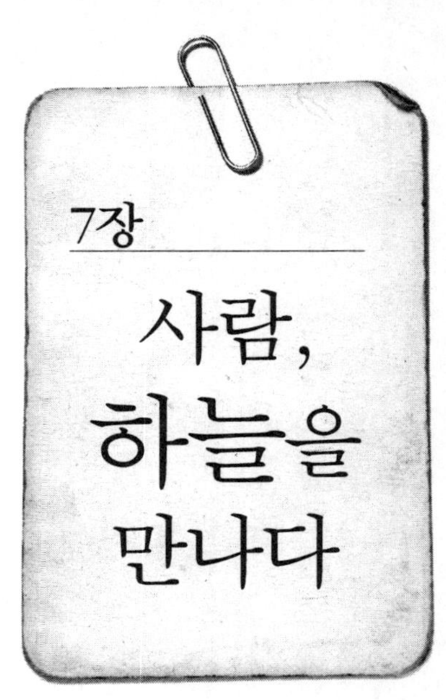

"뭐? 암? 암이 뭐지?"

엄마가 암에 걸리셨다는 이야기를 들은 것은 초등학교 6학년에 접어들 무렵이었다. 당시에는 암이라는 생소한 단어 하나가 엎어다 줄 파괴력을 상상하지도 못하고 있었다. 처음에는 엄마가 가끔 부산의 복음병원에 다니시는 것 외에는 우리 가족의 삶에 별다른 변화가 없었기 때문이다.

변화는 오히려 내게 있었다. 내가 교회에 대해 모든 흥미를 잃어버렸다. 반송동으로 이사를 갔는데도 여전히 망미동의 교회를 다니라는 엄마의 지시는 교회를 멀리할 좋은 명분이 되었다. 그러나 진짜 이유는 다른 데 있었다. 귀신 잡던 부흥회로 이미 교회는 나에게 무서운 곳이 되었고, 목사님의 아들이라는 숨겨진 상전마저 있는 불편한 곳이 되었다. 사실 두 번째 이유가 더 큰 이유였다.

우리가 교회 옥상에서 놀면 호랑이 사찰 집사님이 올라와 쫓아냈다.

하지만 동수가 있으면 사찰 집사님은 올라오지 않았다. 동수는 감히 우리 엄마도 올라가지 못하는 강단에 올라가서 놀 수도 있었고 혼나지도 않았다. 전도사님은 동수가 어디 갈 때마다 교회차로 바래다주었고, 동수는 자기가 말만하면 전도사님 정도는 교회에서 쫓겨날 수도 있다고 으스대었다.

나는 초록색 융판을 들고서 사자굴 속에 빠졌다가 살아난 다니엘의 이야기를 생생하게 전해 주시던 전도사님이 무척 좋았었다. 언젠가 어디서 개뼈다귀 하나를 들고 오셨다.

"요것으로 삼손이 수백 명의 블레셋 군인들을 무찔렀다 아이가~."

전도사님은 "아뵤~~ 으으웅" 이소룡 소리를 내며 친히 블레셋 군인들을 물리치셨다. 마치 이소룡의 무술 영화를 보는 착각이 들 정도였다. 전도사님의 흉내를 내며 친구들을 웃기는 일은 아주 재미난 장난이었다. 하지만 이제 그런 시답잖은 장난도 그만두었다.

전도사님을 볼 때마다 나중에 부르러 온다고 했으면서 오지 않았다는 배신감이 올라왔다. 그래서 근처에도 가기 싫었다. 전도사님은 나에게 그런 거짓말을 했으면서도 아무렇지도 않은 모양이었다. 뻔뻔하게도 평소처럼 웃어 주었고, 머리를 쓰다듬어 주었다. 그게 더 끔찍한 일이었다. 아무리 큰 소리로 설교를 해 대도 동수의 한마디 말에 교회를 나가야 하는 사람밖에 안 되면서 말이다. 어쩌면 운동회 사건도 동수가 무서워서 그랬을 수도 있다고 생각하니 두 사람 모두 역겹기가 짝이 없었다. 동수는 모든 것을 가졌지만 나는 그렇지 않았다. 교회에서는 하나님이 공평하신 분이라고 가르쳤지만 실상은 그렇지 않았다. 교회에서부터 신분의 차이가 명확하게 그어져 있으니 말이다. 이런저런 생각에 교회도, 교회의 주인인 하나님도 점점 싫어졌다.

그래서 예전부터 은근히 교회 가길 꺼려하던 누나와 작당을 해서 함께 교회를 빠지기 시작했다. 내가 고자질만 하지 않으면 누나는 언제나 오케이였으니 말이다. 엄마가 주신 헌금을 들고 만화방에 다녔다. 그리곤 예배 마칠 시간에 맞추어 나보다 믿음이 더 좋아진 도경이가 갖다 주는 주일학교 주보를 들고 집으로 갔다. 그러던 어느 주일 아침, 누나가 교회로 가는 버스 안에서 재수 없는 말을 꺼냈다.

"오늘은 느낌이 별론데…."

"뭐가?"

"오늘은 그냥 교회 가까?"

"와? 누가 뭐라 카드나?"

"그건 아이고…."

"그라면 씰데없는 소리 마라."

결국 누나는 감이 이상하다며 교회를 갔고, 나는 누나를 겁쟁이에 배신자라 놀리며 교회 근처 만화방에 들어갔다. 그리고 즐겨 보던"불청객 시리즈"를 뒤적거렸다. 주인공 구영탁의 어벙한 모습을 보면서 키득거렸다. 하지만 구영탁의 모든 일은 잘 풀렸다. 나도 구영탁처럼 되고 싶었다. 막살아도 그냥 잘되는 그런 사람이 되고 싶었다.

시간이 되자 도경이가 주일학교 주보를 들고 만화방을 찾아왔다. 도경이에게서 넘겨받은 주보를 보며 그날 설교 제목을 보고 광고를 챙겼다. 혹시 엄마가 물어볼지도 모르기 때문이다. 설교 내용도 대충 전해 들었다. 이제 집에 갈 채비가 끝난 것이다.

"다녀왔습니다."

인사와 함께 집으로 들어갔다. 양심은 있어서 교회에 갔다 왔다는 말은 하지 않았다. 그냥 다녀왔다고만 했다. 엄마가 되물었다.

"어딜 다녀왔는데?"

움찔했다. 주위를 살폈다. 누나는 아직 집에 오질 않았다. 누나가 고자질 하진 않았을 것이라는 안심이 들었다.

"저… 교회요….."

엄마가 와락 덤벼들었다. 그리고는 나의 머리채를 붙잡고 안방으로 끌고 들어 가셨다. 아프다는 비명도 소용없었다. 빗자루로 매질이 시작되었다. 눈을 감으시고는 아무 곳으로나 휘둘러 대셨다. 그렇게 맞아보기는 이전에도 없었고 앞으로도 없을 것이다. 단단한 나무로 만들어진 붉은 나무 빗자루가 부러지는 것으로 매질은 멈추었다. 그리곤 엄마는 대성통곡을 하며 방을 나가셨고, 나는 방 안에서 더 크게 울었다. 다시는 안 그러겠다고 크게 울었다.

그저 교회를 빠지지 않겠다고만 약속하였다. 우리 엄마에게 내가 만화방에 다닌다고 일러바친 사람이 전도사님이란 것을 알게 되었다. 더욱 정나미가 떨어졌다. 이후 더욱 식드렁하게 교회만 다녔다. 나는 이미 엄마에게 매 맞지 않을 정도의 선에서, 그렇지만 엄마나 전도사님께 '나는 교회를 무지하게 다니기 싫어요.'라는 메시지를 팍팍 풍기면서 교회를 오갈 수 있을 만큼 교활했다. 그것이 엄마에게 얼마나 고통스러운 일이었는지를 알게 된 것은 아주 오랜 시간이 흐른 뒤였다. 전도사님께도 말이다.

어느 날 주일, 전도사님이 풍랑을 잔잔케 하시는 예수님에 대해서 설교를 하셨다. 으레 풍랑에서 이리 넘어지고 저리 넘어지는 제자들의 모습을 리얼하게 흉내 내셨다. 돛단배 속에 들어앉은 제자들의 다급한 목소리도 들려주셨다. 하지만 귀에 영 거슬렸다. 교회 장의자에 엎드려 자는 척했다. 하지만 다 듣고 있었다. 그때 전도사님은 물위를 걷다가 물에 빠졌다는 베드로가 허우적거리는 흉내를 내며 예수님을 부르고 있었다.

"전도사님! 오버하지 마세요. 짜증나요."

한참 설교를 하시던 전도사님이 멈칫하셨다. 주변이 고요해졌다. 옆에 앉아 있던 도경이는 고개를 숙이고 듣지 않았다. 내 뒤에 앉았던 동수가 나를 말리려 내 어깨를 툭 쳤다. 홧김에 자리에서 벌떡 일어섰다.

"야! 왜 쳐? 니가 뭔데? 니! 됐나?"

두 눈이 동그래져서 쳐다보는 동수를 향해 주먹을 불끈 쥐었다. 얼굴이 벌게진 전도사님도 무척 당황하는 것 같았다. 후회가 밀려들었지만 어떻게 되돌려야 할지 몰랐다. 이미 엎질러진 물이었다. 그래서 계속 동수를 향해 소리를 쳤다. 어쩔 줄 몰라서 한 행동이었다. 다른 선생님들이 분노로 가득한 나를 데리고 예배당 밖으로 가셨다. 나는 그 길로 교회를 달려 나갔고, 다시는 교회에 오지 않을 거라고 다짐했다. 억울하기만 했다. 그러나 나의 만행을 전해 들은 엄마의 눈물을 보았다. 나를 혼내지도 않으셨다. 곧 중학생이 될 나를 혼내기에는 엄마의 병세가 너무 악화되어 있었다.

이 예배는 망미동에서 드린 나의 마지막 예배가 되었다. 우리 집이 울산으로 이사를 갔기 때문이다. 엄마의 치료비 마련을 위한 이사였다. 결국 내 친구 도경이와 동수 그리고 전도사님에게 보여 준 나의 마지막 모습은 무례하게 설교를 가로막고, 예배를 훼방하던 행동이 되고 말았다. 나는 그들을 다시 사랑하게 될 기회를 얻지 못했다. 미안하다는 말을 전할 기회조차 얻지 못했다. 이후 동수도, 전도사님도, 도경이도 다시 만나지 못했다.

그러는 동안에 암은 엄마의 몸속에서 빠르게 커져 갔다. 결국 수술할

시기마저 놓쳤다는 진단 끝에 항암치료에 들어간 것은 내가 중학교를 다니기 시작할 즈음이었다. 엄마는 부산복음병원을 다니며 방사선과 약물치료를 받으셨다. 첫 번째 방사선치료를 마친 후 귀가한 엄마는 방사선치료 별 거 아닌데 괜히 겁을 냈다는 너스레를 떠셨다. 그러나 엄마의 당당함은 얼마 가지 못했다.

왜 모두들 암이라고 하면 겁부터 집어먹는지 알게 되었다. 계속되는 치료과정에서 망가져 가는 엄마를 보며 실감했다. 계속되는 치료가 얼마나 효과가 있었는지는 알 수 없었다. 엄마의 상태는 점점 나빠지셨다. 머리숱은 하루가 다르게 줄어들기 시작했고 몸은 갈수록 야위어 갔다.

가장 곤란한 것은 엄마의 다리가 부어오르는 것이었다. 그 붓기는 상상을 초월하여서 심할 때는 다리 한쪽의 굵기가 엄마의 허리보다 더했다. 붓기가 그 정도 되니 살이 터지고 진물이 흘렀다. 그러면 거기서 풍기는 고약한 냄새는 이루 말할 수가 없었다. 진물에 이불을 감당할 수 없어서 아빠와 상의 끝에 내린 결론은 요에다 김장용 비닐을 까는 것이었다. 그러나 그것은 결과적으로 악수(惡手)였다. 고여 있는 진물로 엄마의 살이 썩어 갔기 때문이다. 이 외에 엄마의 배변도 받아 내야 했다. 배변을 받아 내는 일은 생업을 그만두신 아빠가 주로 맡으셨다. 어쩌다가 내가 처음으로 엄마의 배변을 받아 내던 날 엄마는 한참을 통곡하셨다. 그 뒤로 나는 웬만하면 배변을 받아 내는 일은 하지 않았고 흘러내린 노란 진물을 수시로 닦아 내는 일을 맡았다.

백방으로 노력하였지만 엄마의 몸은 나아지지 않았다. 붓기가 심장까지 차오르면 돌아가신다는 이야기도 들었다. 그래서 엄마가 마지막으로 선택한 것은 역시 하나님이었다. 아빠와 함께 경상남도 언양에 있는 기도원으로 엄마를 모셨다. 산세가 좋은 곳에 있고 규모가 꽤 큰 기도원이었다. 엄마는 거기서 금식기도를 하셨다. 아빠는 엄마와 함께 기도원에 계시기로 했고, 나는 일곱 살 난 남동생과 함께 집으로 돌아왔다.

엄마의 소식을 궁금해 할 여유조차 없이 지내던 어느 날, 엄마가 집으로 돌아오셨다. 그것도 붓기가 다 빠진 날씬한 몸으로 말이다. 우리 가정은 평온을 되찾았다. 그러나 그 평안은 잠깐의 휴식일 뿐이었다. 서서히 다리의 붓기가 다시 차 올라와 거동이 불편해질 정도가 되면 예전의 생활이 반복되었다. 그러면 엄마는 다시 기도원으로 가서서 20일 금식기도, 40일 금식기도를 반복하셨다. 기도원을 다녀오신 후 얼마간 엄마의 몸은 거짓말같이 완전했다.

울산으로 이사 간 우리 가족이 다니기 시작한 교회는 나무로 골격을 짜고 파란색 천막으로 두른, 크지 않았지만 정이 넘치는 교회였다. 그 교회가 어느 치매 걸린 할머니를 보살피고 있었는데, 내가 듣기로 그 할머니의 치매는 고약해서 볼일을 보시곤 늘 오물을 안방 벽에 척척 바르신다고 했다. 그래서 교회의 집사님들과 권사님들이 조를 짜서 그 할머니를 씻기고 집 청소도 해 드리곤 했다. 몸이 정상으로 돌아온 엄마도 그 일에 빠지지 않으셨다. 물론 가족들의 반대가 심했지만 엄마의 억척스러움을 꺾을 수는 없었다. 나중에 들은 이야기로는 식당을 하시는 한 권사님과 엄마 외에는 더 나서는 분이 없어서 두 분이 고정으로 치매 걸린 할머니 집을 다니셨다고 한다. 그것도 잠깐 동안 몸이 정상적일 때뿐이었다. 그 댁을 몇 번 오가는 터에 엄마의 다리는 여지없이 부어오르기 시작했기 때문이다.

어머니의 병환 때문에 학교나 교회에서 나는 효자로 소문이 났다. 그러나 그 소문은 실상을 모르고 한 이야기였다. 집에 가면 진물을 닦을 때 나는 냄새가 역해서 웬만하면 두지 않으려고 했고, 닦아 달라는 엄마의 부탁에도 아직은 괜찮다고 미루기 일쑤였다. 살이 썩어 가도 말이다. 그리고 주일예배를 드리러 엄마를 모시고 예배당에 갈 때는 엄마의 몰골을 아주 창피해 했다. 아무리 씻겨도 지워지지 않는 진물냄새에 어머니의 모습은 '나 암투병 중이요.'하고 광고타도 하는 모양새였기 때문이다. 모자라도 써서 흉한 대머리라도 가렸으면 했다. 하지만 엄마는 실내에서는 모자를 쓰지 않는 것이라고 하셨다. 특히 하나님 앞에서 예의 없는 짓이라고 거절하셨다. 그래서 엄마와 따로 앉그 싶은 마음이 언제나 굴뚝같았다.

무엇보다도 엄마를 모시고 교회를 오갈 때가 더 고민이었다. 퉁퉁 부은 다리를 질질 끌다시피 걸으셔야 했는데, 엄마가 편하고 안전하게 가려면 좀 돌아가더라도 대로변으로 다녀야 했다. 그런데 지나가는 사람들의 시선이 부담스러워 엄마를 산길로 인도했다. 나의 명분은 간단했다. 이 길이 빠르다는 것이다. 그러나 그 길은 어머니가 다니기에는 험했고, 특히 다니시다가 살갗 하나라도 풀어 베이면 붓기는 급속하게 진행되었다. 못난 아들은 엄마가 창피해서 산길로 이리저리 끌고 다녔다. 엄마는 아무 말씀도 없이 아들이 가자는 대로 따라나섰다.

본격적인 투병 생활이 1년을 채워 가던 10월, 엄마의 몸이 너무 많이 부어서 전혀 거동조차 못하실 때였다. 엄마는 기도원에 가는 것조차 멈추시고 집에 계셨다. 물론 병원도 다니지 않으셨다. 어느 날 저녁에 온 가족은 몸져누운 엄마 앞에 모였다. 운동선수라 당시 부산체육고등학교에서 기숙사 생활을 하던 누나까지 모였다. 당시는 그것이 유언이라고 생각하지 못했지만, 어머니는 가슴에 담고 있던 마지막 말씀들을 내어놓으셨다. 내게 하신 이야기는 어떤 일이 있어도 교회를 떠나지 말라는 당부였다. 그리고

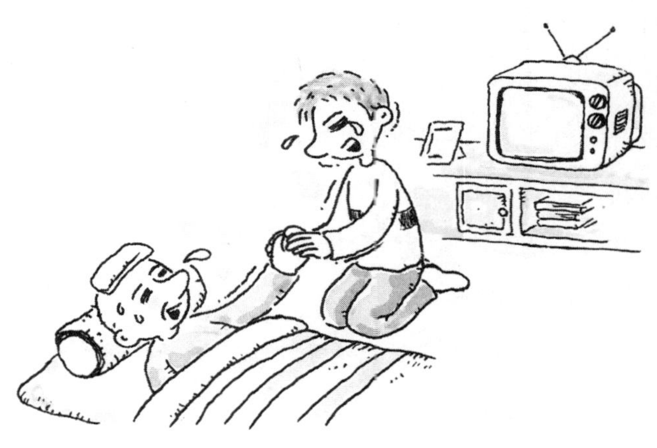

중학교에 다니는 나에게 가족을 부탁하셨다. 괜찮으시냐고 묻는 말에 다음과 같이 대답하셨다.

"괜찮다…. 예수님 땜에 괜찮다."

그날을 계기로 엄마는 어머니로 바뀌었다. 누가 시킨 것이 아니었다. 하지만 자연스레 엄마를 어머니로 부르기 시작했다. 물론 아빠도 아버지가 되었다.

11월 5일 이른 오후, 어머니는 아버지께 느닷없이 포도주를 청하셨다고 한다. 혼자만의 성만찬을 하신 듯하다. 그리고 그날 저녁 하늘의 아버지께로 돌아가셨다. 어머니께서 돌아가시자 병 수발을 위해 직장마저 그만두셨던 아버지는 아무 말도 하지 않으시고 손수레를 빌리러 다니셨다. 그리고는 손수레로 어머니를 공원묘지로 모셔야 한다고 하셨다. 그리고 나에게 도와달라고 하셨다. 그것은 내가 아버지께로부터 받은 첫 부탁이었다.

어머니의 부음(訃音)소식과 손수레를 빌리러 다닌다는 사정이 교회에까지 전해졌는지, 교회에서 일체의 장례를 맡아 주셨다. 그렇게 진행된 장례식 동안 나 혼자 속으로 되뇌던 말이 있었다.

"그래도 예수님 때문에 괜찮다."

그리고 잊혀졌던 한 말이 가슴속에 따라 붙었다.

'괜찮다. 이것도 몸에 좋다.'

어머니의 장례식이 진행될 당시, 중학교 1학년이 된 나는 '예수님 때문에 괜찮다'는 뜻도 모르는 말을 웅얼거리며 상실감을 이겨 내고 있었다. 그게 무엇을 뜻하는 말인지 알지 못했다. 다만 그것은 어떤 일이 있어도 교회를 떠나지 말라는 알기 쉬운 엄명과 함께 받은 어머니의 유언이라 귀하게 간직하리라 마음먹었다. 그리고 그 말로 어머니의 빈자리를 달래고 있었다. 그런데 정말 다행스럽게도 그 말이 무슨 뜻이었는지 곧 깨닫게 되었다. 바로 몇 달 후에 여름, "예수님 때문에 괜찮다."는 말은 내 일생을 뒤바꿔 놓은 폭탄 같은 말이 되었다. 결코 옮겨지지 않을 지계석(地界石)이 되었다.

몰랐습니다. 주변의 사람들과 그렇게 빨리 헤어질 수 있다는 사실을 몰랐습니다. 만약 알았더라면 전도사님께 그렇게 무례하지 않았을 것입니다. 동수에게도 더 너그럽게 대했을 것입니다. 나에게 모든 것을 주었던 도경이를 봐서라도 더 많은 것을 참았을 것입니다. 그들에게 더 좋은 사람으로 남기 위해 애를 썼을 것입니다. 무엇보다 어머니와 그렇게 빨리 헤어져야 한다는 사실을 정말 몰랐습니다. 알았더라면 예배당을 모시고 갈 때나, 진물을 닦아 드릴 때에 좀 더 친절하게 정성을 들였을 것입니다. 아니 건강하실 때에도 저로 인해서 웃을 일들을 더 많이 만들어 드렸을 것입니다. 이제야 "철들고 나니 부모님은 곁에 없었다.'던 선인들의 말씀이 실감 납니다. 선인들의 말씀에 좀 더 일찍 귀 기울였더라면 지금 같은 한스러움이 조금이나마 가벼워졌을 것인데 말입니다. 저는 앞으로도 점점 나아질 것인데, 더 괜찮아진 모습을 어머니께 보여 드리지 못해서 안타깝습니다.

암은 참 고약해서 집에 있는 모든 재산을 다 집어삼켜야 떠난다는 말이 있습니다. 우리 어머니의 경우도 마찬가지였습니다. 어머니가 돌아가시는 것으로 암과의 투병이 끝이 났을 때에 우리 집의 재산은 탕진된 상태였습니다. 그러나 텅 빈 지갑보다 더 큰 공허는 계셔야 할 곳에 더 이상 계시지 않는 어머니의 빈자리였습니다. 그 빈자리는 시간이 지나고 몸과 마음이 자라 갈수록 더 커졌습니다. 그 상실의 고통은 제가 결혼을 하여 새 가정을 꾸리기까지 계속되었습니다.

얼마 전 제 처(妻)와 부모님의 빈자리에 대해서 이야기를 나누었습니다. 제 처 역시 고등학교 때 오랜 지병으로 고생하셨던 아버지를 여의고, 그 빈자리로 인해서 여러 고충을 겪어야 했습니다. 그래서 우리는 서로의 이야기에 쉽게 공감할 수 있었습니다.

저희 부부에게 기도제목이 하나 더 생겼습니다. 그것은 우리 아이들이 자라 결혼할 때까지는 살게 해 달라는 내용입니다. 젊은 사람들이 별소리를 다한다고 하시는 분도 계시겠지만 저희들에게는 간절한 기도입니다. 왜냐하면 부모님의 빈자리를 늘 자각(自覺)하며 살았던 저희들의 아픔이 너무 생생하기 때문입니다. 그래서 저희 부부에게는 두 자식들이 그런 상실감은 경험하지 않고 살았으면 하는 소박한 꿈이 있습니다.

TV 드라마에서 단란한 가정의 모습이 나오면 괜히 채널을 돌리고 싶은 마음을 느껴 보지 못한 사람은 이 말을 이해하기 힘들지 모릅니다. 5월이면 많은 교회에서 열리는 가족찬양제를 아쉽고 불편하게 지켜봐야 했던 마음을 아는 분은 이 이야기에 공감하실 것입니다.

특히 결혼을 준비하고 결혼식이 거행되던 때에는 그 빈자리가 더 크고 진하게 느껴졌습니다. 그리고 어머니의 빈자리를 아내가 채우고 아버지의 빈자리를 남편이 메우자 이제는 아주 편하게 드라마를 시청하고 가족찬양제에서 진심으로 박수를 칠 수 있었습니다. 남편을 통해 그리고 아내를 통해 치료하시는 예수님의 흔적을 느낄 수 있었습니다.

아브라함의 아들 이삭은 어머니 사라를 여읜 상실감에 괴로워했습니다. 보통 구약 시대에 공식적인 애도기간은 30일이었고, 길어야 70일이었습니다. 그런데 사라가 죽은 지 3년이 지나도록 이삭은 마음을 정리하지 못하고 힘들어 했습니다. 들을 배회하며 여러 상념에 잠겼습니다(창 24:63-65). 이삭의 상실감이 위로받고 치유가 된 것은 아리따운 리브가를 어머니의 장막에 들이고 아내로 맞이하면서부터였습니다(창 24:67). 하나님은 어머니 사라의 빈자리를 아내 리브가로 채우게 하셨습니다. 그 3년의 시간이 이삭에게 얼마나 어려운 시간이었는지 알 것 같습니다. 제가 그랬고 저의 아내 역시 동일한 경험을 했습니다. 그리고 우리 둘 다 아내와 남편을 맞이하면서 위로를 얻었습니다. 그러니 부모가 되어 우리 자식들이 부모를 잃은 상실감을 느끼지 않고 살았으면 하는 애틋한 소원을 가지게 된 것입니다.

하지만 이런 이야기를 하는 중에도 감히, 아내에게 말을 할 수는 없었지만, 제 마음 한구석에 다음의 말이 꿈틀거렸습니다.

'만약 그렇게 되지 못할지라도, 예수님 때문에 괜찮을 것이다.'

저의 빈자리를 통해서도 우리 하나님은 남겨진 우리 아이들을 잘 다듬어 가실 것이기 때문입니다. 그리하여 그들도 예수님 때문에 많은 것이 그저 괜찮아지는 믿음을 가지고 살았으면 좋겠습니다. 어머니가 제게 가족을 부탁하시고, 괜찮으시냐는 물음에 "그래도 예수님 때문에 괜찮다."고 하신 말씀에서 자기 자신도 괜찮고 나도 괜찮을 것이라는 어머니의 신앙이 느껴집니다.

황제의 신상에 절을 하지 않았다는 이유로 뜨거운 풀무불에 들어가는 형벌에 처한 다니엘의 세 친구, 사드락, 메삭, 아벳느고가 했던 고백도 바로 이것이었습니다. 그들은 뜨거운 풀무풀에 들어가기 직전에 다음과 같이 말했습니다.

"왕이여 우리가 섬기는 하나님이 계시다면 우리를 맹렬히 타는 풀무불 가운데에서 건져 내시겠고 왕의 손에서도 건져 내시리이다. 그렇게 하지 아니하실지라도 왕이여 우리가 왕의 신들을 섬기지도 아니하고 왕이 세우신 금 신상에게 절하지도 아니할 줄 아옵소서."(단 3:17-18)

우리 땅에서 예수쟁이라 불리는 많은 사람들, 교회를 다니는 사람들, 스스로를 그리스도인이라 부르는 사람들이 그렇지 않은 사람들과 결정적으로 다른 점이 있다면 이것이 아닐까 하는 생각이 듭니다. 만약에 그리스도인임에도 이런 마음 가운데 살지 않는 사람들이 있다면 아직 한참을 더 다듬어져야 할 미숙아(未熟兒)이거나 기독교 신앙이 무엇인지 아직 알지 못하는 사람일 가능성이 많습니다.

저는 어찌되었건 예수님 때문에 괜찮은 인생을 살게 될 것입니다. 많은 경우에 제 스스로 어려움을 자초할지도 모르고, 어떤 일은 예수님 때문에 괜찮다는 고백을 하는 데 오랜 시간이 걸릴지도 모르지만 결국은 미리 받은 답안을 완전한 내 것으로 만들어 갈 것입니다. 하나님께서 그렇게 나를 예수 그리스도로 길들여 가실 것이 분명하기 때문입니다.

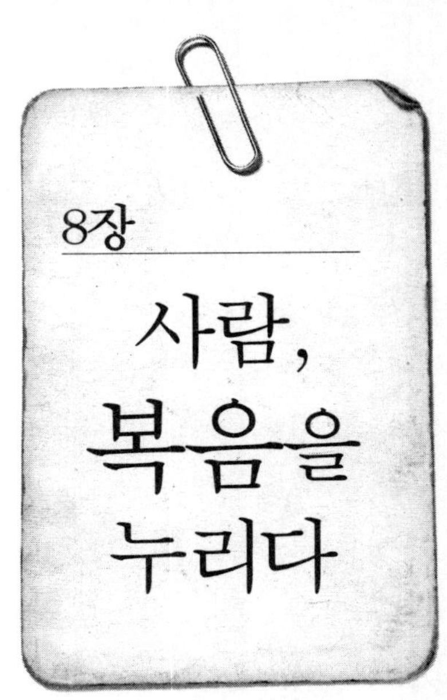

'어머! 쟤는 엄마도 없는 애가 저러고 놀고 있네~.'

어머니가 돌아가신 이후에 나의 가슴팍에 가장 많이 울리던 말이다. 물론 누군가가 하는 말이 아니다. 그러나 무엇이라도 하려 들면, 이 말부터 가슴에서 소곤거렸다. 특히 교회에서 그랬다. 교회의 모든 사람들이 나에게 이제 어머니가 안 계시다는 것과 어머니 장례를 치를 돈도 없어서 손수레를 빌리러 다녔던 것을 알아 버렸다. 교회의 교인들이 도와주어서 장례도 가까스로 치렀다. 우리 집의 불쌍한 사정이 온 교회에 발가벗겨진 것이다. 교회에서 내가 짝사랑하던 수빈이 누나도, 평상시에 나하고 놀던 모든 친구들도, 나에게 꾸지람을 듣던 교회 후배들도 우리 집의 처지를 다 알아 버렸다는 사실이 가슴을 후벼 팠다.

수빈이 누나를 포함해서 주변의 사람들도 애처로운 듯이 나를 쳐다보았고, 예전에 없던 친절을 베풀어 주었다. 교회에 있기가 더 어색하고 싫어졌다. 그렇다고 교회를 떠날 수도 없었다. 당장에 배은망덕(背恩忘德)한 녀석이라는 낙인이 찍힐 것이다. 게다가 무엇보다도 어머니의 유언까지 있었으니 더욱 그럴 수는 없었다. 어쩌다 교회에서 야외예배를 가거나 중고등부에서 2부 순서로 레크리에이션이라도 하는 날은 더욱 불편했다. 마음 편하게 웃을 수조차 없었기 때문이다. 누가 지나가다가 내가 웃는 것을 보고는 이렇게 말할 것이 아닌가?

"쟤는 엄마도 없는 애가 저러고 웃고 있네~."

내가 할 수 있는 일이라고는, 아니 해야 하는 일은 적당히 슬픈 표정을 하고 예배당 구석에 앉아 있는 일이었다.

학교에서도 상황은 별반 다르지 않았다. 학교에서는 학년이 끝날 때마다 효행상을 주었다. 효행상을 받을 때마다 내가 왜 이 상을 받아야 하는지 의아했다. 그저 나이 어린 중학생이 어머니도 없이 집안 살림하며 학교를 다니는 것, 게다가 일곱 살 난 어린 동생을 돌보며 살고 있기 때문에 주는 상이었다. 그런 불우한 아이가 학교에서 말썽 부리지 않고 얌전히 학교를 다니고 있다는 사실로 수여된 상이었다.

그런데 그것도 거짓이었다. 나는 집에 가서 동생을 씻기고 저녁을 차려주지만 동생을 보살피지는 않았다. 오히려 동생은 교회나 학교에서 받는 스트레스를 푸는 대상이었다. 그래서 괜한 일로 욕하고 걸핏하면 때렸다. 동생이 집안을 어지럽히고 놀거나, 배고프다고 울기라도 하면 더욱 화가 치밀어 올랐다. 그래서 동생을 더욱 모질게 대했다. 아버지가 집에 들어오시면 아버지가 크게 잘못한 일이 없었음에도 원인 모를 분노에 짜증을 부렸다. 다른 사람이 이런 일을 알 턱이 없다. 그들에게 그저 나는 불우한 환경 속에도 아버지에 동생까지 챙기며 중학교를 다니는 착한 학생이었다.

나는 점점 침울해지거나 아니면 얌전해져 갔다. 그러나 가슴속으로는 불공평한 하나님에 대한 불만과 나보다 행복해 보이는 사람들에게 대한 적의를 칼날같이 갈고 있었다. 물론 그 피하는 아무도 알지 못한 채 내 동생만이 일방적으로 감당하고 있었다. 이런 내가 스스로도 혐오스러웠다.

게다가 이러한 일련의 일들은 마치 거짓으로 가득한 이 세상이 어떻게 돌아가고 있는지를 보여 주는 척도처럼 느껴졌다. 모든 것이 거짓이다. 교회도, 학교도, 이 세상도 거짓으로 가득 차 돌아가고 있었다. 자신들에게 불편이 돌아가지 않는다면 적당히 누군가를 앞세워 아름다운 치장을 하고, 뒤로는 자신의 욕심만 차리고 있었다. 교회와 학교에 대한 존경심은 사라졌고, 그들이 원하는 모습으로 가만히 있기로 했다. 사람들은 이 지경인 나에게 잘 알지도 못하면서 착하다고 말했고, 의젓하다고 칭찬했다. 세상의 모든 것이 이렇게 거짓 속에서 돌아가고 있었던 것을 그제야 깨달은 것이다.

그런 사람들에게 적당히 이용만 당하고 있는 하나님도 참 한심스럽다고 생각했다. 내가 이렇게 있어도 아무것도 하지 못하고 뒷방 할아버지처럼 가만히 있지 않는가? 또 그런 하나님이 불공평하다고 생각했다. 내가 왜 이 지경이 되어서 살아야 하는가에 대해 하나님은 아무리 물어도 대답하지 않으셨다. 물론 도와주지도 않으셨다. 그동안 배워 온 것처럼 하나님은 전지전능(全知全能)하지 않거나 아니면 기대한 것같이 그리 좋은 분이 아니라고 생각되었다. 이런 하나님께 그동안 했던 기도라는 것이 참 어리석은 짓이라고 여겨졌다.

모든 면에서 바닥에 있던 중학교 2학년 때의 여름, 전혀 새로운 일이 벌어졌다. 교회에서 실시된 중고등부 수련회에 참석한 것이었다.

그해 학교에서 있었던 수학여행을 가지 않았다. 수학여행을 가지 않은 이유는 분명했다. 엄마가 돌아가신 지 얼마 되지 않은 아이가 수학여행을 간다고 들떠서 여기저기 놀러 다니면 모양새가 좋지 않을 것 같다는 생각에서였다. 그 이유뿐이었고, 담임 선생님께도 그렇게 말씀드렸고 받아들여졌다.

같은 이유에서 교회의 학생회 수련회도 가지 않으려고 했다. 하지만 아버지가 수학여행을 가지 못한 것이 불쌍했던지 이번 교회 수련회는 꼭 다녀오라고 타이르셨고, 교회 수련회는 놀러 가는 것이 아니라는 형들의 충고에 마지못해 가게 되었다.

교회 봉고차에 꾸역꾸역 실려 도착한 수련회 장소는 경상남도 척과에 있는 허름한 기도원이었다. 오리엔테이션을 하고 레크리에이션 시간도 어색하게 보냈다. 그리고 첫째 날 저녁집회 시간이 되었다. 그 시간이 평생 잊을 수 없는 시간이 되리라고는 상상하지도 못했다.

첫날 집회의 설교는 아무 짝에도 쓸모없는 싸구려 질그릇에 값진 보석이 담겨 있다는 이야기였다. 설교 내용을 들으면서 이런 생각을 했다.

'그래서 뭐 어쩌라구?'

길고 지루한 설교가 겨우 끝이 나고 기도회가 이어졌다. 거부감이 일었다. 어릴 적에 부흥회에서 받은 충격이 되살아났다. 또 다시 모여 있는 사람들이 미친 듯이 박수를 쳤그 고래고래 노래를 불렀고 목이 터져라 기도를 했다. 그 자리는 내게 또다시 악몽의 시간이 되고 있었다. 평소에는 멀쩡하던 형들이 아니나 다를까 또 다시 가슴을 치고 울음을 펑펑 터뜨리면서 울부짖기 시작했다. 사람들은 점점 미쳐 가고 있었다. 그 속에서 나도 미칠까 봐 무서웠다. 나도 하나님께 기도했다.

"하나님! 정말 내 기도를 들으신다면, 이 사람들 좀 진정시켜 주세요. 사람들이 미쳐 가네요."

하나님이 내 기도를 들으셨는지 확인도 할 겸 눈을 살짝 뜨고 주변을 살폈다. 그럼 그렇지, 하나님이 나 같은 것의 기도를 들어주실 리가 없었다. 사람들은 더욱 발광을 하고 있었고 숫제 드러누워 구르는 사람까지 등장했다. 귀신 잡던 부흥회의 재판이었다. 그런데 한쪽 구석에서 그렇게 예쁘고 착한 수빈이 누나마저 눈물범벅이 되어 있었다. 깍지를 낀 두 손에 얼굴을 파묻고 파르르 떨면서 이 세상에서 가장 슬픈 얼굴로 기도하고 있었다. 저 누나에게는 무엇이 그렇게 아프기에 저렇게 애처롭게 기도할까 하는 생각이 들었다. 그리고 마음으로 위로를 전하고 싶었다.

'누나, 너무 슬퍼하지 마세요. 아무리 질그릇같이 보잘것없는 사람에게도 예수님이라는 보화가 담겨 있다면 괜찮대요. 예수님 때문에 괜찮을 거예요.'

그러면서 청천벽력 같은 소리가 있었다.

"그런데 넌 왜 안 괜찮니? 나 때문에 괜찮다면서 넌 왜 안 괜찮니?"

우리 엄마도 예수님 때문에 괜찮다며 요절(夭折)하는 자기 인생과 남겨질 나를 위로하셨다. 아무리 보잘것없는 질그릇도 보배를 담고 있으면 보배 대접을 받는 것이지 질그릇 대접을 받지 않는다고 하지 않았던가? 그런데 '나는 왜 괜찮지가 않지?' 하는 서글픈 마음이 북받쳐 올랐다. 그래서 나 같은 싸구려 질그릇에도 예수님이 담겨져 괜찮아지게 해 달라고 기도했다. 아무리 소리쳐도 괜찮아지지가 않았다. 하지만 너무나 괜찮아지고 싶었다. 나는 가슴을 치고 울부짖으며 소리치기 시작했다. 제발 내게도 보배가 담겨지게 해 달라고, 예수님 때문에 모든 것이 괜찮아질 보배가 담겨지게 해 달라고 기도했다. 그리고 조용한 속삭임이 감지되었다.

"나는 오래전부터, 아주 오래전부터 네 속에 있었다."

그리고는 내가 미처 몰랐지만 오래전부터 가슴에 있었던 익숙한 느낌이 강하게 요동쳤다.

'그래 이 느낌, 아주 옛날부터 내 안에 있었어.'

본능적으로 알 수 있었다. 이것은 내 안에 담겨진 보배, 예수님이다. 많은 사진들이 빠르게 지나갔다. 어머니, 동수, 전도사님, 능력 있는 목사님, 희철이, 동대 형, 보고 싶은 도경이도 있었다. 그 외의 많은 일들이 주마등처럼 지나갔다. 그 모든 것이 나를 스쳐갔지만 오직 예수님은 그 자리에 있었다. 다른 지나가는 모든 것을 나와 함께하는 듯했다.

"……."

잠시의 적막이 흘렀다. 눈을 떠 보니 다들 숙소로 돌아가고 예배당에는 두세 사람만이 남아 있었다. 자리에서 일어났다. 다리가 너무 저렸다.

"어? 괜찮다…."

모든 것이 괜찮아졌다. 불쌍한 우리 집도 그리고 억울하던 나도 괜찮아졌다. 사실 변한 건 아무것도 없었다. 그러나 모든 것이 한꺼번에 괜찮아졌다. 어떻게 이런 변화가 한꺼번에 생겨날 수 있었을까? 한참의 시간이 지나도 그 이유를 알 수가 없었다. 다만 내가 느끼는 한 가지는 나 자신이 나의 보배와 함께 변했다는 것이다.

평생 잊지 못할 그해 여름 수련회에서 주제가처럼 불렀던 노래가 있었다. 지금도 생생히 기억나는 그 노래의 가사는 다음과 같다.

내가 처음 예수님 만날 때 어쩔 줄 몰라-
사로잡혀 버렸네 난 반했네-
지난 일들을 돌아-보면 볼수록 신기해! 신기해! 반해 버렸네
반해 버렸네- 반해 버렸네- 반해 버렸다네-
이젠 세월이 갈수록 세월이 갈수록 더 깊이 빠져 가네-
울적한 세월이 지나고 희망찬 기쁨이 넘치네-
내게도 이러한 행복이 있을 줄 나는 몰랐었네-

정말 그랬다. 믿을 수 없는 기적이었다. 내게도 이런 일이 일어나다니….

고대 그리스나 로마의 연극들의 종결은 늘 비슷하다고 합니다. 어디서부터 난데없이 나타난 전능자가 복잡하게 얽히고설킨 문제들을 한꺼번에 해결해 버리는 것입니다. 이때 나타나는 신을 '데우스 엑스 마키나(Deus Ex Machina)라고 합니다. 읽기조차 어려운 이 라틴어를 문자 그대로 직역하면 '기계로부터 나온 신'이라는 뜻입니다. 고대의 그리스인들은 느닷없이 나타나 모든 문제를 풀어 버리는 전능한 신을 보고 카타르시스를 느꼈나 봅니다.

지금 우리들이 보면 참 맥빠지는 구성입니다. 주인공이 막다른 궁지에 몰려 어찌할 수 없는 위기에 빠졌을 때, 느닷없이 하늘이 열리고 신이 내려와 모든 위기상황을 순식간에 해결해 버리는 꼴이니 말입니다. 요즘의 드라마나 영화가 이런 식으로 갑작스런 결말을 맺는다면 시청자들은 재미없다는 둥, 끝이 시시하다는 둥 말하겠지요. 이와 같은 비난을 쏟아 내는 것은 우리의 삶이 그렇게 일사천리로 해결되는 일이 거의 일어나지 않기 때문입니다. 그래서 재미없다, 시시하다는 말은 현실성이 없다는 뜻입니다.

반면에 우리의 복잡한 문제들을 한 방에 날려 버리는 전능한 신이 있어서 복잡하게 얽힌 문제들을 순식간에 해결해 준다면 얼마나 좋을까 상상해 봅니다. 이러한 전능자가 존재한다는 사실만으로도 희망을 잃지 않고 살 수 있을 것 같습니다.

그 전능자 '데우스 엑스 마키나'를 제가 중학교 2학년 때에 만났습니다. 하지만 제가 만난 전능자는 제게 있던 문제들을 해결하는 방식이 전혀 달랐습니다. 그는 돌아가신 어머니를 되살려 주지 않았고, 교회에 대해 가졌던 불신들을 해결해 주지도 않았습니다. 하지만 전능자는 저를 바꾸어 주셨습니다. 더 이상 그런 것들이 제게 문제가 되지 않도록 저를 일으켜 세웠습니다. 신기하게도 모든 문제들은 여전히 제 주변에 있는데, 그것이 전혀 문제가 되지 않았습니다. 참으로 신기하고 놀라운 경험이었습니다.

저는 그 전능자의 이름을 예전부터 알고 있었습니다. 하나님이었고, 예수님이었고, 성령님이었습니다. 교회에서 숱하게 듣던 이름이었습니다. 그런데 그날 밤 그 이름이 제게 살아서 다가와 모든 것을 바꾸어 주었습니다.

교정된 시각으로 저의 주변을 돌아보았습니다. 모든 것들이 새로운 의미로 다가왔습니다. 동생 홀로 있는 집은 하나님께서 쳐 주신 안전망이었습니다. 왜냐하면 꼴에 형이라고 동생 혼자 있는 집에 도무지 늦게 들어갈 수가 없었기 때문입니다. 동생에 대한 부담감은 나쁜 길로 빠지기 쉬운 환경 속에서 저를 지키고 있었습니다. 어머니는 돌아가셨고, 아버지는 새로 들어가신 직장의 일정상 집에 오시지 못하는 날이 많았습니다. 여러모로 미안하셨던 아버지는 생활비 겸 용돈으로 어린 제게 많은 돈을 주셨습니다. 남는 시간, 남는 돈으로 저는 무엇이든 할 수 있었습니다. 하지만 동생 때문에 집으로 곧장 가서 동생을 돌보고 살림을 정돈해야 했습니다. 저는 그렇게 지켜지고 있었습니다.

학교에서 받는 효행상도 마찬가지였습니다. 저는 저의 실상을 잘 압니다. 어떤 식으로 어머니의 병간호를 하였고, 어머니가 돌아가신 후 어떤 식으로 동생을 돌보며, 도시락 싸들고 학교를 다녔는지 그 내용을 잘 압니다. 그 속에 또아리를 틀고 있는 분노와 적의의 냄새를 압니다. 하지만 이 세상은 그 내용에는 전혀 관심이 없었습니다. 그저 적당한 모양새만 갖추고 있다면 사람들 앞에 세워 놓고 상 주고 박수 치는 것으로 자신들의 도덕적 책임을 다했고 그것으로 만족했습니다. 사실 그들은 제게 큰 관심이 없었습니다. 게다가 이 일이 우리 조직의 다른 학생들을 얼마나 유익하게 하는지를 따지고 있었습니다. 선행을 가장한 욕망의 다른 모습이었습니다. 이런 사실을 감지하고 있던 제게 주어지는 효행상은 이 세상이 거짓으로 돌아가고 있다는 사실을 비춰 주는 거울처럼 보였습니다. 그런데 제게 주어지는 효행상이 상에 걸맞는 행실을 나에게 요구하고 있었다는 사실을 알게 되었습니다. 학교에서 매번 주어지는 상은 나의 태도를 스스로 규제하고 정당한 태도를 갖도록 인도하고 있었습니다. 학교에서는 저를 보호하고 있었던 것입니다.

그리고 최소한 저에게는 눈에 보이는 교회의 울타리 속에서 선한 방향으로 엮여 가고 있었습니다. 무엇보다도 "예수님 때문에 괜찮다."는 어머니의 말씀이 무슨 뜻인지 교회를 통해서 알게 되었습니다. 모든 문제를 문제되지 않게 만들어 가시는 분, 그 하나님을 아는 어머니의 신앙고백을 깨달은 것입니다. 이러한 깨달음은 어느 날 갑자기 찾아왔지만 그날이 찾아오기까지 교회에서 들어 온 모든 이야기들, 교회의 성도들의 행실 하나하나가 쌓여서 비등점(沸騰點)에 도달한 결과였습니다.

모든 문제를 덮어 버리고 모든 것을 새롭게 받아들이게 하는 전능자에 대한 경험은 기독교 신앙에서 비교적 흔한 일입니다. 지극히 평범한 사춘기의 저도 체험하였으니 말입니다. 그래서 하나님의 울타리 안에 사는 많은 사람들은 이 세상의 모든 문제에 대해서 용기 있는 기상을 표현하였습니다. 그중 가장 대중적이라고 할 만한 시이자 복음성가 가사를 소개하고 싶습니다.

예수를 생각하고 나는 나는

나의 가난함도 슬프지 않고 슬프지 않고

남의 부유함도 부럽지 않나니

예수를 생각하고 나는 나는

오직 감사한 마음이 넘칠 따름이라

예수를 생각하고 나는 나는

몸의 환란도 괴롭지 않고 괴롭지 않고

그 행복도 사모하지 않나니

예수를 생각하고 나는 나는

오직 평강과 만족만 있을 따름이라

예수를 생각하고 나는 나는

일의 실패를 실망치 않고 실망치 않고

그 성공에 뛰며 기뻐하지 않나니

예수를 생각하고 나는 나는

영원한 승리자이기 때문이라

이 시는 일본의 우찌무라 간조(內村鑑三) 목사님이 썼습니다. 이러한 기독교 신앙 안에서 무엇이 문제가 되겠습니다. 일본의 영성으로 존경받는 우찌무라 간조에 비하면, 저의 어머니는 어느 동네에서나 있을 법한 평범한 아줌마요 어느 교회에서나 만날 수 있는 집사였습니다. 그러나 저나 우리 어머니 같은 갑남을녀(甲男乙女)의 평범한 신앙인도 복잡한 인생을 순식간에 해결하는 전능자를 종종 만납니다. 그 전능자를 알기에 많은 기독교인들이 매주 교회에서 예배를 드립니다. 교회나 목사님들에 대한 실망, 다른 성도들에게 받은 상처를 무릅쓰고 말입니다. 그러면서 모든 그리스도인들은 그리스도께 길들여집니다. 그리고 그 사실이 너무 좋고 놀라워서 예수 믿으라고, 교회 다니라고 전도라는 것을 합니다. 기독교인들도 전도가 미련한 짓이라는 것을 압니다(고전 1:21-23). 하지만 모든 문제를 일거에 해결하시는 하나님이 놀랍고 너무 좋아서 그 미련한 짓을 합니다.

지금 제가 "이제 나에게는 아무것도 문제가 되지 않는다!"라고 말한다면 그것은 거짓말입니다. 여전히 저는 재정의 문제, 장래의 문제로 씨름하고 있습니다. 경쟁과 질투의 문제로 가슴 아파합니다. 하지만 예전에는 영문도, 답도 모른 채 그 속에서 고통을 받았다면 지금은 답을 알고 있습니다. 모든 것이 예수 안에서 다 해결될 것을 알기 때문입니다. 그래서 기도합니다. 내 속의 예수님이 당면의 문제 속에서도 답이 되게 해 달라고 기도합니다. 예수 그리스도는 제가 하나님이나 교회나 세상에 대해 가진 모든 문제의 미리 본 해답입니다. 앞으로도 예수 안에서 제가 느끼는 불만과 실망이 어떻게 녹아질지 미리 알게 된 결론이 될 것입니다. 이제 어떻게 풀어나가 내 것이 되게 할 것인가만이 나의 몫으로 남아 있습니다.

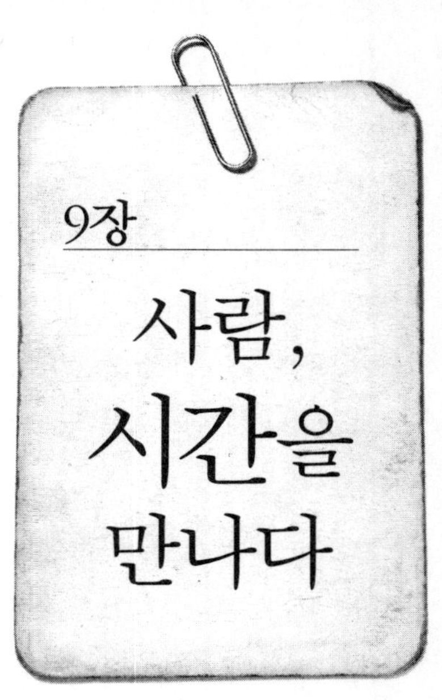

"앗싸라비아 콜롬비아 닭다리 잡고 삐악 삐악."

앞뒤도 안 맞고, 뜻도 통하지 않는 이 말이 어떻게 시작되었는지는 모르지만, 내 동생은 신나는 일이 있으면 펄쩍펄쩍 뛰며 늘 병아리 소리를 냈다. 닭다리를 잡고 삐악거린다는 말도 웃기고, 콜롬비아라는 나라는 뜬금없이 여기 끼어서 괜한 고생을 하는지 모르겠다. 하지만 그날 동생의 병아리 소리는 재밌다기보다 얄미웠다. 아버지가 이번 여름방학부터 동생을 데리고 전국 일주를 가겠노라고 했기 때문이다. 이유는 내가 중학생이 되었기 때문이었다. 중학생이 되어 보충수업도 해야 되고, 공부할 것도 많아지니 어쩔 수 없다고 인정은 하지만 심하게 좋아하는 동생이 얄미운 것은 어쩔 수가 없었다.

하지만 아버지를 따라 나설 수 없다는 섭섭함이나 동생에 대한 미운 감정보다 어머니의 병치레로 생업을 접으셨던 아버지가 다시 일을 시작하셨다는 것이 다행이라고 여겨졌다. 왜냐하면 어머니의 오랜 시간 투병으로 머뭇거리던 일상이 다시 시작되었다는 뜻이니 말이다. 그러고 보니 이제 우리 가족의 일상도 하나둘 자리를 잡아가는 중이었다. 누나는 학교 기숙사로 돌아갔다. 운동선수라 열 년의 거의 대부분을 합숙훈련으로 보내야 했다. 집에는 거의 들어올 수가 없었다.

아버지의 직업은 운전수이다. 그것도 대형 유조차인 탱크로리를 모신다. 유조차 운전은 주로 장거리를 뛰는 일이라 아버지의 귀가는 매우 불규칙했다. 그래서 일주일에 한두 번밖에 얼굴을 뵐 수 없었다. 길게는 보름이 지나서야 집으로 오셨다. 가정살림은 일곱 살 난 동생과 나의 몫이 되었다. 도시락을 싸고 설거지를 하며 빨래를 해야 했다. 물론 살림살이를 깔끔하게 해낸 것은 아니었다. 그 시절 우리 집의 익숙한 풍경은 대야에 가득 담긴 설거지 거리들이다. 숟가락이 다 될 때까지 쌓아 두었다가 숟가락마저 없으면 마지못해 설거지를 했다. 빨래도 마찬가지였다. 빨래를 하는 날은 양말이 다 떨어져 없을 때이다.

물론 아버지가 집에서 주무시는 날에는 모든 것을 아버지가 하셨다. 요리까지 말이다. 아버지가 특히 잘 만드시는 요리는 돈가스였다. 예컨대 다른 집은 명절이 되면 송편이나 전을 부치지만 우리 집은 돈가스를 튀긴다. 명절 내내 돈가스를 큰 쟁반에 수북이 쌓아 놓고 한 장씩 들고 다니며 뜯어먹었다. 한 이틀만 먹으면 얼굴에 꽃이 핀다. 노란 여드름 꽃이 만발한다. 그래도 아버지와 함께 만드는 100% 수제 돈가스 맛은 일품이었다.

정육점에서 돼지고기를 사다가 각자에게 맡겨진 임무에 따라 만들기 시작했다. 나는 주로 밀가루와 계란을 입혔고 동생은 빵가루를 묻혔다. 옷이 잘 입혀진 고깃덩이를 아버지께 넘기면 아버지는 빨간색 석유곤로 앞에

쭈그리고 앉아 튀겼다. 갓 튀겨 뜨거운 돈가스를 한 입씩 돌려 먹는 맛은 정말 기가 막혔다. 예전에 고기를 싫어하시던 어머니의 타박에도 아랑곳하지 않고 삼부자표 돈가스를 물리도록 먹었다. 어머니가 돌아가시고 난 뒤에도 한참을 외박하시다가 돌아오시는 아버지의 손에는 늘 검은 비닐봉투가 들려 있었다. 검은 봉투는 역시나 빵가루와 계란 그리고 돈가스용으로 썰어진 돼지고기로 묵직하게 채워져 있었다. 아버지는 돈가스를 먹을 때마다 반주(飯酒)로 종종 소주를 드셨다. 술이 얼큰하게 들어가면 집 앞 공터에 세워 둔 낡은 유조차 덕에 우리가 먹고 산다고 자랑을 하셨다.

우리 가족은 온 식구를 먹여 살리고 있는 유조차를 '우리 아빠 차'라고 불렀다. 비록 많이도 낡고 삭아서 바닥으로 난 구멍들 사이로 땅바닥이 언뜻언뜻 보였고, 담배 냄새와 기름 냄새가 적절히 섞인 퀘퀘한 냄새가 두통을 일으킬 때도 있었지만, 나는 우리 아빠 차를 꽤나 좋아했다. '우리 아빠 차'의 운전석 뒤에는 침대칸이 있어서 여름이면 나의 공부방이 되어 주었고, 부아가 치미는 일이라도 있으면 아늑한 피난처와 분을 달래는 공간이 되었다. 게다가 덩치도 엄청나게 큰 우리 아빠 차는 어린 시절부터 나의 어린 동무들에게 정글이 되었고, 아빠 차의 카세트는 노상 춤판을 벌이는 데도 부족함이 없었다. 친구들은 이런 차를 가진 나를 제법 부러워했다.

"야! 오늘 우리 아빠 차에 가서 숙제 할래?"

이 말 한마디면 친구들은 함성을 질렀고 으슥해진 어깨들끼리 삼삼오오 어깨동무를 하였다. 그러나 우리 아빠 차에서 친구들이랑 노는 일이 재밌어도, 아무리 먹어도 질리지 않는 기름이 줄줄 흐르는 돈가스가 아무리 맛있어도 방학 때 떠나는 아빠 차와의 전국 일주에 비할 것이 못된다. '삼부자표 수제 돈가스'가 제아무리 맛있어도 고속도로 휴게소에서 파는 화려

한 먹거리 중의 하나일 뿐이니 말이다. 물론 고속도로 휴게소에서 파는 돈가스는 맛이 없어 사 먹지 않았다. 고기를 갈아서 부친 빈대떡 같았기 때문이다.

하지만 고속도로 휴게소에는 전기구이 오징어에다가 버터를 발라 노릿노릿하게 익은 감자나 옥수수 그리고 전국의 어느 휴게소에서도 살 수 있는 천안의 명물 호두과자어, 휴게소에서나 먹을 수 있었던 진짜 햄버거까지 그 종류부터 엄청났다. 그리고 어떻게 만들었는지 볼 때마다 신기한 밀크셰이크를 먹을 때면 왜 동네에서는 이렇게 맛있는 걸 못 만들어 파는지 의아했다. 생텍쥐베리에게 사막이 아름다운 것은 그곳에 오아시스가 있기 때문이었다면, 내게 고속도로가 아름다운 것은 그곳에 휴게소가 있기 때문이다. 특히 내가 제일 좋아하던 휴게소는 경치가 제일 좋은 금강휴게소였다. 휴게소 뒤편으로 난 금강의 풍경은 전기구이 오징어를 손가락 빨아 가며 먹기에 가장 어울리는 곳이었다.

거기다가 아빠 차와의 전국 일주는 전국을 돌아다니며 느끼는 해방감에 다시는 못 올 곳에 왔다는 신비감을 느끼게 했다. 그래서 나에게 유조차를 운전하시는 아버지의 작업은 먼 바다를 향해하는 마도로스의 낭만과도 같았다. 생계를 위해 고된 운전을 하시던 아버지의 마음을 이해한 것은 내가 운전면허증을 따고 초토운전 딱지까지 떼고 난 뒤인 아주 먼 미래의 일이다. 아무튼 그때는 방학이면 어김없이 아버지를 따라 전국의 고속도로를 누비며 다녔다. 마냥 즐겁게 다녔다. 그 항해는 유년 시절의 가장 큰 즐거움이었고 내가 방학을 기다리는 유일한 이유였다.

우리 아빠 차는 고속도로에서 최고로 빨랐다. 아빠 차가 멍청하게 굴러가는 여느 똥차를 힘찬 엔진 소리와 함께 추월이라도 할 때면 난 좋아라

소리를 질러 댔고, 그 '빌어먹을 똥차 운전수'에게 야유를 보냈다. 그러면 아버지는 "얌마, 시끄렷~ 조용히 못해?" 하고 핀잔을 주시지만 은근히 속도계를 더 높이셨다.

하지만 번번이 우리 옆을 휑하니 지나가는 덩치도 있다. 이름하여 고속버스이다. "경제속도 80km! 우리 모두 지키자.'라고 엉덩이에 써 붙이고는 100km로 달리는 아빠 차를 '슝~' 하고 앞질러 갔다. 그리고 간혹 깐죽대는 "자가용 차"도 있었는데, 이런 차는 더 미웠다. 그래서 우리 아빠 차의 조수석 앞 유리창엔 검은 매직으로 그려진 미사일 조준표가 있다. 겁도 없이 우리를 추월하는 차를 폭파시키기 위해서 특별히 설치해 놓은 것이다. 아버지는 차에 낙서한다고 짜증을 내시지만, 내가 한쪽 눈을 지그시 감고 도망가는 적들을 실감 나는 중계방송과 함께 폭파시키면, 아버지도 좋아라 하셨다. "빌어먹을 나쁜 똥차 놈들" 하시며 말이다.

그러다가 밤이 되어 졸음이 오면 고속도로 갓길에 차를 세우고 새우잠을 잤다. 침대칸은 둘이서 자기에는 너무 좁아서 함께 누울 수가 없다. 그래서 내가 아버지의 누운 몸에 엎드려 자야 한다. 그러면 나는 가만히 아버지의 냄새를 맡으며 아버지의 가슴에 귀를 대고 잠을 청했다. 그러면 천식으로 고생하시는 아버지의 숨소리는 대관령을 넘을 때 나는 아빠 차의 엔진 소리 같았다. 그러다가 내가 너무 무거워져서 더 이상 아버지의 가슴 위에서 잘 수가 없게 되었을 때는 운전석에 앉아 보초를 섰다. 보초의 임무는 별반 특별한 게 없고 다른 차들이 100대가 지나가면 주무시는 아버지를 깨우는 것이었다. 한밤의 지방 고속도로에 100대가 지나가려면 한 시간은 있어야 하는데, 심하게 지겨운 시간이었다. 겨우 겨우 100대를 채우면 아버지를 흔들어 깨웠다. 그러면 아버지는 종종 잠이 덜 깬 목소리로 말씀하셨다.

"30대만 더…."

그러시고는 픽 쓰러져 주무셨다. 짜증도 부려 보았지만 하는 수 없었다. 그러면 사격 연습을 하며 시간을 때워야 했다. 원래는 여관에 가서 자야 했지만 여관비를 아껴서 가족을 위해 '맛있는 거'를 사야 되기 때문에 참아야 했다. 일을 마치시고 퇴근하시는 아버지의 손에 매번 들려 있던 검은 비닐봉투에는 그러한 노고가 숨어 있었다.

어머니 일로 방학 때의 전국 일주는 2년간 중단되고 말았다. 그리고 모든 일이 정리되고 다시 운전을 시작하신 아버지를 따라 나서는 것은 동생의 몫이 되었다. 게다가 중학교를 다니면서 학교를 파하는 시간도 많이 늦어져서 우리 아빠 차를 볼 시간조차 없어졌다. 이제 나 대신, 동생과 그의 친구들이 우리 아빠 차와 놀아 주었다. 그때 우리 아빠 차의 몰골은 정말 많이 낡아서 전설의 고향에 나오는 지친 초가집처럼 되어 있었다. 하지만 아랑곳하지 않고 동생과 놀아 주었다.

어느 날 학교를 마치고 집으로 돌아오는데 우리 아빠 차의 자리에 엉뚱한 차가 세워져 있었다. 가방을 방에 던져두고 화장실에 가서 한참을 앉아 있었다. 그냥 멍하니 있었다.

'너마저 나를 떠나는구나.'

배신감과 허망함에 젖어들었다. 반면에 내 동생은 좋아서 내일 데리고 와서 같이 놀 친구의 이름을 세어 가며 방안을 껑충껑충 뛰어다녔다. 으레 방안은 병아리 소리와 콜롬비아라는 나라로 가득했다. 초점 잃은 눈으로 TV를 보고 계시는 아버지에게 항의도 하고 싶었지만 참기로 했다. 이미 다 끝난 일이기 때문이었다. 그렇지만 내가 스무 살이 되면 꺼내 보기로 했던

편지가 아직 차 천장에 숨겨 있을 텐데 하는 아쉬움과 마지막 작별인사도 못한 것에 속이 쓰렸다.

우리는 그 차를 "새 차"라고 불렀다. 확실히 새 차는 모양도 근사하고 의자도 푹신했다. 에어컨이 달려 있는데다가 라디오 소리도 잡음이 없이 잘 들렸다. 특히 내 동생은 버튼 하나로 여닫아지는 자동 창문에 완전히 나가 떨어졌다. 그런 동생이 얄미웠지만 자기가 좋다는데, 어쩔 수 없었다. 그래도 다행인 것은 새 차에는 에어컨이 있어 나 같은 조수가 운전하시는 아버지의 이마에 부채질을 해 주지 않아도 되는 것이었다. 게다가 겨울에 시동이 안 걸려 치러야 할 한바탕 난리도 없게 되었다. 그리고 힘이 좋아서 운전하기가 그렇게 편할 수가 없다는 아버지의 자랑을 들으면 잘됐다 싶었다.

동생이랑 새 차를 장식하기로 했다. "오늘도 무사히"라는 제목의 기도하는 그림카드도 한쪽에 붙이고, 우리 가족사진과 돌아가신 어머니의 사진을 나란히 붙였다. 그리고 침대칸과 운전석 사이에 커튼도 달았다. 마지막으로 미사일 조준표를 그려 붙였다. 아버지에게 혼난다고 말려도 봤지만 내 동생이 막무가내라 예쁘게 그려 주었다.

그리고 어느 때부터인지 동생은 자연스레 새 차를 "우리 아빠 차"로 부르기 시작했다. 그 소리를 들으면서 마음 한편에서 솔솔한 서운함이 올랐다. 그러면서 나는 중학교를 졸업하고 고등학생이 되었다. 시간은 나의 서운함에는 아랑곳하지 않고 자기의 속도로 흘러가고 있었다.

성경은 모든 일에 때가 있다고 가르칩니다(전 3:1). 태어날 때가 있는 것처럼, 모든 것들과 이별할, 죽을 때가 있다그 가르칩니다(전 3:2). 만날 때가 있고, 헤어질 때가 있습니다. 찾을 때가 있고, 잃을 때가 있습니다. 성경에 보니 하나님이 모든 것을 때에 따라 아름답게 하신다고 가르칩니다(전 3:11). 그렇다면 삶과 죽음, 만남과 이별 모두가 아름다울 수 있다는 이야기입니다. 그러고 보니 살면서 제일 추한 모습이 자기 때에 자신의 자리를 지키지 못하는 사람을 겪는 것입니다. 자기 자리를 지키지 않는 남편, 자신의 일을 소홀히 하는 아내의 모습은 아름답지 못합니다. 부모에 대한 자녀의 자리를 지키지 못하는 사람도 마찬가지입니다. 이런 사람들로 인하여 많은 사람들이 괴로워합니다. 그들이 받고 있을 고통을 생각하면 자리를 지키지 않는 추악함은 더욱 도드라집니다. 그런 사람은 모든 것과 이별하는 죽음의 회한(悔恨)이 자신에게도 닥칠 것을 모르는 사람입니다. 시간은 우리의 희로애락(喜怒哀樂)에는 아랑곳없이 자신의 속도로 도도히 흘러가고 있다는 사실을 모르는 사람입니다.

경기도 남양주시의 도심역 뒤편에 허름하지만 음식 맛이 아주 좋은 식당이 있습니다. 그 식당이 기억에 남는 것은 식당 한쪽에 붙어 있는 글귀 때문입니다. 보통의 식당에는 "네 시작은 미약하였으나 네 나중은 심히 창대하리라"(욥 8:7)는 성경말씀이나 손님들의 건강을 기원하는 글귀 정도인데, 그 식당에는 인생에 대한 경고로 보이는 글귀가 붙어 있습니다.

사람이 70년을 살면 24,920일이요,
80년을 살면 29,200일이며,
100년을 살아도 36,500일이라.

이 집이 보신탕을 파는 집이니 더욱 기가 막힙니다. 주문한 음식을 기다리다가 계산을 해보았습니다. 80년, 29,200일을 산다면 주일 낮 예배를 4,160번만 드리면 가득 차 버리는 시간입니다. 그중에서 저는 이미 2,028번의 예배를 드리고 말았습니다. 사실 그중에서도 거의 2,000번은 드린 것도 아니고, 안 드린 것도 아닌 부끄러운 예배였습니다. 시간과 몸은 드렸지만 마음과 생각까지 하나님께 드린 온전한 예배는 아니었기 때문입니다. 그래서 매주의 예배를 더욱 정성껏 드리겠다고 다짐하였습니다.

어디 예배뿐이겠습니까? 매 순간 스쳐 가는 사건 하나하나가 참 귀하다는 생각도 가지게 됩니다. 이 모든 것과 이별할 시간이 다가오기 때문입니다. 성경은 이러한 사실을 모르고 그저 자신의 악한 욕망에 취해 살아가는 사람을 '미친 마음을 품고 살아가는 자'(전 9:3)라고 말합니다.

우리가 주변의 것들과 결정적인 이별을 하게 되면 남는 것은 우리 삶의 자취, 다른 이의 가슴속에 남겨진 기억입니다. 자동차 하나도 추억이 되어 남으니 주변을 스쳐 가던 수많은 이들의 자취야 더 말할 필요도 없습니다. 이런 생각을 하니 지금의 말 한마디, 행동 하나를 조심해야겠다고 마음먹게 됩니다. 또 큰 욕심부리며 살 것 없다는 생각도 갖게 합니다.

아무 생각 없이 살다가 자칫 하나님이 저더러 "이 미친 녀석아 오늘 밤 내가 네 생명을 찾으면 네가 쌓아 놓은 것, 쌓으려고 애쓰던 것이 누구 것이 되겠느냐?"(눅 12:20)라고 꾸중하실까 두렵습니다. 그래서 지금 이 순간이 소중합니다. 아울러 지금도 흘러가는 시간이 참 매정하고 무섭습니다.

신문에서 다음의 글을 읽었습니다. 요리 이야기로 시작하는 기사였습니다. 세계에서 가장 비싸고 맛있는 요리가 나왔습니다. 이른바 세계 3대 요리입니다. 수많은 음식들 중에 이 세 자리를 차지한 영광스런 요리는 철

갑상어의 알이라는 캐비아, 거위의 간으로 만들었다는 푸아그라, 그리고 너무 비싸 향신료로만 겨우 쓴다는 송로버섯입니다. 저는 이 음식들을 본 적도 없지만, 세계에서 가장 유명한 요리사들에게는 비교적 익숙한 식재료들이라고 합니다. 신문 기사에 재미난 내용이 이어졌습니다.

여류 사진작가 멜라니 듀니아는 그녀의 책 『나의 최후의 만찬』에서 세계에서 제일 유명한 요리사 50명에게 물어봤다고 합니다.

"죽기 직전에 마지막 한 끼 식사로 어떤 메뉴를 선택하겠습니까?"

당연히 캐비아, 푸아그라, 송로버섯이 나와야 하는데, 그들의 선택은 전혀 달랐다고 합니다. 세계 3대 요리 중에 하나를 고른 사람은 단 한 명이었다고 합니다. 50명의 최고의 요리사들은 자신들이 만들어 온 최고급 요리가 아니라 후라이드 치킨, 참치 샌드위치, 치즈 버거 등 간편하고 평소에 즐기던 평범한 음식을 골랐다고 합니다. 도넛을 먹겠다고 한 사람도 있고, 스파게티를 곱빼기로 먹겠다는 요리사도 있었답니다. 앤서니 부르댕이라는 요리사는 다음과 같은 말을 했답니다.

"죽기 직전의 음식이라면 아무래도 어린 시절에 먹었던 음식을 떠올리기 마련입니다. 저는 마지막 메뉴를 떠올리는 순간 '엄마'라는 단어가 생각났습니다."

최후의 만찬은 많은 사람에게 정말로 중요한 것이 무엇인지 알게 하는 것 같습니다. 호스피스 병동에서 봉사활동을 하고 있는 뉴욕의 대니 메이어라는 요리사의 말도 기사에 실렸습니다.

"평소에 한 번도 웃지 않던 한 여성 환자에게 그녀가 어린 시절에 즐겨 먹었다는 초콜릿 브라우닝을 건넸더니 미소를 지으며 평온히 눈을 감았습니다. 추억을 떠올려 주는 음식은 따뜻한 포옹이나 다름이 없습니다."

4년간 사형수들의 마지막 끼니를 챙겨 주었던 마이크 랜들맨 씨의 이야기가 기사의 마지막을 장식합니다.

"사형수의 80% 정도가 치즈 버거와 스테이크, 후라이드 치킨 등 세 메뉴를 마지막 식사로 요청했습니다. 아마 그들이 가장 행복했던 순간에 먹었던 음식이었을 것입니다."

만약에 멜라니 듀니아가 저에게 물었다면 전 당연히 수제 돈가스를 먹겠다고 할 것입니다. 돈가스에는 제가 가장 어렵고 행복했던 시간이 묻어 있기 때문입니다. 어머니가 돌아가신 이후, 저희 집 명절 준비 음식이 돈가스였던 사실은 슬픔이 교차하는 즐거운 추억입니다. 당시에는 그저 좋기만 했던 그 시절이 지금은 아픕니다. 하지만 소중하게 느껴지고 심지어 아름답게 보이는 것은 모든 것을 때에 따라 아름답게 하시는 하나님의 손길이 있기 때문입니다. 하나님은 지나갔던 작은 일상들을 모아서 저의 사람됨을 만들어 가셨습니다.

지금도 일상의 시간이 흐르고 있습니다. 지금 제가 만나는 사람, 하고 있는 일, 서 있는 곳을 소중히 여겨야겠습니다. 혹시 시간이 더 흘러 제가 더 지나버린 사람이 되었을 때에 '가장 행복한 시간이었다.'라고 그리워할 시간이 바로 지금 이 순간이 될지도 모르기 때문입니다. 모든 것을 때를 따라 아름답게 하시는 하나님의 능력이 새삼 놀랍습니다.

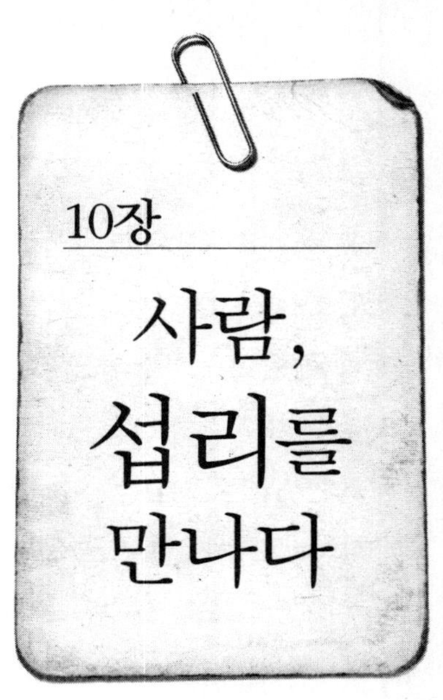

나는 서울에서 태어나서 부산에서 초등학교까지 나왔지만 누가 고향이 어디냐고 물으면 울산이라고 대답한다. 고향을 생각할 때면 가장 선명하게 떠오르는 영상이 정감어린 교회와 독서실이다. 그중 독서실은 울산 공업탑 로터리 근처 푸른 마을이라는 곳에 있었다. 독서실 앞에는 전봇대 한 채가 우두커니 서 있었다. 좁은 골목길에 있던 낡은 전봇대에서 친구들이랑 말뚝박기를 하였다. 그리고 사춘기의 수많은 고민들이 전봇대 아래서 나누어졌다. 그리고 어둑한 골목을 수많은 날파리 떼와 함께 비춰 주던 전봇대의 백열등이 생각난다. 한밤을 지켜 주던 고향의 백열등에는 사춘기에 잊을 수 없는 한 친구의 냄새가 배어난다.

고등학교를 다닐 때 흉측한 얼굴을 가진 친구가 한 명 있었다. 투둘이라는 별명을 가진 친구이다. 원래 바탕도 별반 기대할 것이 없었지만 설상가상으로 어릴 적에 얼굴을 살짝 데어 전체가 투둘투둘했다. 그렇지만 이 친구는 성격이 정말 좋았다. 굵직하고 느릿느릿한 말씨에 언제든 화내는 법이 없었고, 말투가 그렇듯이 행동도 굵직하고 느릿느릿하다. 어디에 궁둥이를 한번 붙이면 여간해서는 일어날 줄을 모른다. 삐쩍 마른 큰 키에 잘하는 것이라고는 도통 없지만 궂은 일이나 힘든 일은 언제나 이 친구의 몫이다. 투둘이는 친구가 별로 없었지만 그의 속을 아는 몇몇에게는 티가 나지 않는 멋진 대장이었다.

멋진 친구 투둘이에게 고칠 수 없는 버릇이 하나 있었다. 그것은 마음에 드는 이성에게는 자기 마음을 감출 줄을 모른다는 것이다. 좋아하는 감정을 마음에 품고는 가슴이 콩닥거려 먹을 수도, 잠을 잘 수도 없다고 했다. 그래서 참고 참다가 한계가 오면 밤낮을 가리지 않고 찾아가 얘기했다.

"야! 우리 결혼이나 할래?"

때문에 낭패도 많이 당한 투둘이지만 그의 버릇을 자신도 어쩔 수 없다고 했다. 대뜸 그렇게 말해 놓고 매몰차게 따귀라도 한 대 맞은 날이면 독서실이 있는 구석진 골목의 전봇대 뒤에서 울곤 했다. 아파서 우는 것이 아니라 서러워서 운다고 했다. 어느 날 야간 자율 학습까지 마친 밤늦은 하굣길에 전봇대 뒤에서 앉아 울고 있는 투둘이를 만났다. 구멍가게 막내딸 민지에게 맞았다고 했다.

"아무에게나 불쑥 결혼하자는데, 안 맞을 놈이 어디 있노?"

서럽게 울던 투둘이가 말했다.

"난, 다 안다. 내가 얼굴이 이래서 그러는 기다. 현철이 봐라! 갸는 나보다 더 밝혀도 한 대도 안 맞더라. 그리고 우리 민지는 아무나가 아니다."

그날 밤, 나는 새벽녘까지 집에 들어가지도 못하고 투둘이의 판에 박힌

넋두리를 들어줘야 했다. 얼른 집으로 들어가고 싶은 마음이 굴뚝같았지만 의리상 그냥 들어갈 수는 없었다. 그런데 한참을 듣다 보니 나에게 좋은 생각이 났다.

"야! 투둘아, 내 경험에 의하면 말이다. 에~ 자고로 여자란 말이다. 겁이 아주 많은 동물과 꼭 같단 말이야."

"근데? 내보고 뭐 어쩌라고!"

"그라니깐, 맨 처음부터 결혼하자 뎀비면 안 된다 이거지. 쥐새끼도 코나에 몰리면 고양이를 문다 안 카드나?"

투둘이는 뭔가 해답을 찾은 듯 귀를 쫑긋 세우고 다가왔다.

"어! 그래서?"

"에~ 그러니깐 말이다. 내 말은 결혼하자고 꼬시기 전에 여자의 마음부터 홀기 놓고 시작해야 된다, 이기다."

"누가 그걸 모르나? 내가 얼굴이 요래서 그게 안 되는 거 아이가 인마."

"그래, 니 말이 맞다. 솔직히 니는 얼굴로는 승부가 안 된다 아이가, 그쟈? 그러니까 니 마음이 아주 착하다는 걸로 밀어붙이는 기다. 절대 얼굴 찡그리지 말고 화도 내지 말고 여자가 원하는 거면 뭐든지 다해 준다는 인상을 팍팍 심어 주는 기야. 니가 한발 앞서서 그 여자가 필요한 것을 미리미리 나서서 해 주는 기지. 그러니깐 말이다….""

나는 시간도 너무 늦었고, 피곤하기도 해서 대충 이렇게 이야기를 끝내고 싶었다. 그리고 나는 내일 어떻게 일어나 학교를 가나 걱정하며 집으로 돌아갔다. 그러나 아주 뿌듯한 마음에 심오한 결심을 한 것 같은 투둘이는 그딴 것은 전혀 걱정이 되지 않는 모양이었다.

그날 이후로 내 친구 투둘이의 귀가 시간이 늦어졌다. 공업고등학교를 다니기 때문에 늦어도 4시면 집으로 오는 투둘이가 며칠째 11시는 넘어야 집에 들어온다는 것이다.

"갸가 지금 무슨 꿍꿍이속이 있는 게 분명혀…."

투둘이네 엄마가 밤이 늦도록 교회 집사님들과 수다를 떨 때면 덩달아 나도 걱정이 되기는 했다. 하지만 나도 투둘이를 만날 수가 없었다.

투둘이와의 만남은 생각보다 빨리 찾아왔다. 느닷없이 주일 학생회 예배에 투둘이가 나온 것이다. 그리고 오랜만에 나온 투둘이는 애절하게 기도를 하고 있었다. 고개를 푹 수그리고 뭐라 중얼대는 것이 괜스레 수상적었다. 가까이 가서 투둘이를 살폈다. 깜짝 놀랐다. 그렇지 않아도 말도 많고 탈도 많던 투둘이의 얼굴이 완전히 떡이 된 것이다.

사연이 안쓰러웠다. 지난밤의 일로 결심한 투둘이는 '내가 생긴 것은 이래도 마음씨 하나만은 왕(王)인 것을 민지에게 보이겠다.'고 마음먹고, 학교를 마치면 민지가 내리는 버스 정류장에서 민지가 오기를 기다렸다고 한다. 인문계 고등학교를 다니는 민지가 오려면 밤 10시는 족히 넘어야 하지만 혹시나 하고 저녁나절부터 전봇대 뒤에서 숨어서 기다렸다고 한다. 처음에는 무어라 할 말이 생각나지 않아 저녁도 먹지 않고 훔쳐보기를 삼일. 나흘째 되는 날에는 이러던 안 되겠다 싶어 마음을 다잡고 전봇대 뒤에 웅크리고 있었다고 한다. 열 시가 막 넘자 민지가 버스에서 내리더란다. 민지가 자기가 있는 전봇대를 향해 한 발 한 발 다가오자 침을 한 번 꿀걱 삼킨 투둘이가 뛰쳐나가 소리쳤다고 한다.

"야! 가방 들어 줄까?"

한밤중에 기겁을 한 민지는 가방을 내던지고 도망을 쳤고 무엇인가 잘못되었다는 것을 깨달은 투둘이도 영문을 모른 채 줄행랑을 쳤다고 한다.

다음날 학교를 마치고 투둘이는 오늘도 민지를 기다려야 하나 말아야 하나 고민을 하며 집으로 가고 있는데, 현철이와 우리 동네 어깨들이 부르더라나? 다신 안 그러겠다고 비는 바람에 이 정도로 끝낼 수가 있었지 하마터면 맞아 죽을 뻔했다고 했다.

이제 민지를 잊을 것이고 이 세상의 모든 여자는 돌같이 여길 것이라고 하나님께 말하러 교회에 왔단다. 그리고 나더러 다시는 그런 시시껄렁한 소리 하지 말고 정신 차리라는 충고를 하곤 터덜터덜 돌아갔다. 나는 투둘이의 결심이 얼마가지 못할 것이라는 것을 잘 알고 있었다. 그리고 애석하게도 나의 예측은 정확히 적중하고 말았다.

우리 교회에 고등학교 3학년인 누나가 다니기 시작했다. 서울에서 학교를 다니다가 이사를 온 누나였는데, 예쁘고 마음도 착해 보였고 특히 누나가 쓰는 서울 말투는 참 듣기가 곱고 좋았다. 누나는 믿음도 좋아서 수요예배는 물론 금요철야예배까지 빠지지 않고 나왔다. 이 바람에 투둘이가 신이 났다. 물론 모든 주일예배를 꼬박꼬박 나왔다. 심지어 실업계 학교를 다니고 있는 것을 하나님께 감사하며 수요예배는 물론, 금요일 밤에 시작하는 철야예배까지 나갔다. 학생회 담당 전도사님은 투둘이가 변화받았다며 칭찬하셨지만 나는 그 속이 빤히 보였다. 그러니 내 속이 편할 리가 없다.

나는 둘째 치고 그 누나가 고생이다. 처음에는 투둘이에게 친절하게 대하던 누나도 얼마 지나지 않아 멀리하기 시작하더니 나중엔 숫제 피해 다니는 것이었다. 누나가 예배를 드리다 뒤통수가 가려워 뒤라도 한번 돌아볼 때면 영락없이 투둘이가 '씨이익' 미소를 보내고 있었다. 투둘이의 자리는 언제나 그 누나 뒷자리였다.

그러다가 해가 바뀐 어느 날 밤 금요일, 독서실에서 공부를 하고 있던 나를 투둘이가 찾아왔다. 추위에 꽁꽁 언 손에 쥐약 한 병을 들고 말이다.

"니가 여 웬일이고 날도 추분데……."

의미심장(意味深長)한 표정으로 투둘이가 입을 열었다.

"오늘이 그날이데이. 한계가 왔다. 오늘 현영이 누나한테 청혼할끼다."

내가 염려하고 염려하던 최악의 상황이 벌어지고 있었다. 투둘이는 내가 무슨 말이라도 할 틈도 주지 않고 말을 이어 갔다.

"만약에 이번에도 거절을 당하면 쥐약 먹고 콱 죽어 삘기다!"

투둘이는 말리는 나에게 "만약에 말리려고 따라라도 오면 니 죽고 내 죽고 이판사판"이라고 최후통첩을 내보이곤 금요철야에 늦겠다며 부랴부랴 교회로 갔다. 한두 시간쯤 지났을까? 안절부절하고 있던 터에 투둘이가 돌아왔다. 초상집에서 며칠을 울다 온 사람처럼 눈물로 온 얼굴이 얼룩졌고, 두 눈은 퉁퉁 부어 꼴이 말이 아니었다. 몰골은 그 지경이었지만 표정

은 밝은 투둘이가 내 어깨를 잡고는 이러는 것이다.

"야! 하나님이 살아 있긴 있는 모양이더라."

뭐가 뭔지 영 헷갈렸던 나는 상태가 좋지도 못한 투둘이의 얼굴만 뻘쭘하게 쳐다보았다. 아무 말도 못하고 우두커니 투둘이의 뒷말만 기다렸다.

"오늘 예배 가니깐 현영이 누나가 교회에 안 나왔더라. 그래서 물어보지도 못했다."

그러고는 아까부터 쥐고 있던 쥐약을 도랑으로 던져 버렸다.

"에이~ 이제 이딴 것 필요 없다. 니 목사님 될기라 했제? 그래 잘 생각했다. 나도 하나님이 좋더라. 하나님은 사람을 외형 보고 안 뽑고 중심을 보고 뽑는다매? 오늘 철야 때 목사님이 설교하드라. 근데 그 말이 왜 그리 듣기가 좋노? 그래서 교회서 한참 울다가 왔다. 니도 얼굴 보고 사람 뽑지 마래이."

이러고는 집으로 뛰어갔다. 저 멀리서 투둘이가 부르는 "내게 강 같은 평화"가 전봇대의 백열등 아래까지 들려왔다. 그것이 고향에서 마지막으로 본 투둘이의 모습이었다. 이후 나는 신학대학교를 들어가는 일로 바빴고, 투둘이와의 일은 까맣게 잊어버렸다. 시간이 흐르면서 고향에도 많은 변화가 있었다. 아파트가 들어섰고 신작로마다 큰 건물들이 들어섰다. 그런데도 무엇을 더 지어야 하는지 길가 여기저기 땅을 죄다 파헤쳐 놓았다.

우리에게도 많은 일들이 일어났다. 현영이 누나는 교회의 장로님 소개로 만난 청년이랑 결혼해서 마산으로 이사를 갔고, 배가 남산만 해진 민지는 현철이의 소행이라는 동네 사람들의 수근거림을 뒤로하고 가족들과 함께 구미로 올라갔다. 내 친구 투둘이는 고등학교를 졸업하고 방위로 군대를 마치고는 소식이 끊어졌다. 그래서 그런지 세상에서 투둘이가 제일 예쁜 줄 알던 투둘이의 어머니는 말수가 한결 줄었고 많이 늙으셨다. 이제는 고향 마을도 너무 커져 누가 우리 동네 사람인지 알지도 못하고, 관심도 없이 그냥 끼리끼리 산다. 전봇대의 백열등은 수명도 길고 색깔도 예쁜 수은등으로 바뀌었다.

나도 많이 변해갔다. 우여곡절 끝에 안양의 신학대학교에 입학하게 되었고 군대까지 마치고 2학년이 되었다. 이러한 우리의 일상 속에서 하나님은 더 바쁘셨을 것이다. 우리들 뒤치다꺼리하셨을 것이고, 그러면서 한 사람 한 사람을 더 좋게 빚고 계셨을 터이니 말이다.

그러던 어느 날 새벽에 영등포에 있는 영어 학원을 마치고 학교를 향하는데, 어느 슈퍼마켓에서 굵직한 목소리가 들려오는 것이었다.

"야! 내가 박스 들어 줄까?"

반바지 차림에 창이 큰 모자를 깊이 눌러쓴 투둘이였다. 그리고 그 옆에는 과자 상자를 들고 낑낑대고 있는 민지가 서 있었다.

"어이, 너 투둘이 아냐?"

이렇게 투둘이를 다시 만났다. 그리고 그의 긴 이야기를 전해 들었다. 소집 해제 후 수소문 끝에 찾아간 민지와 천신만고 끝에 결혼한 얘기하며 어머니 몰래 결혼하고 서울로 도망 온 이야기를 풀 버전으로 들었다. 지금은 영등포에서 작은 가게를 하며 밥 안 굶고 살고 있으며 주일이면 올해 권찰님이 된 민지랑 가게 문 닫고 교회도 간다고 한다. 이제는 자식이 둘이나 있는 어엿한 가장이 되어 행복하게 살고 있었다.

바쁜 우리 하나님은 나뿐 아니라 내 친구 투둘이를 위해서도 열심히 일하고 계셨다. 내가 잊은 사이에도 투둘이와 함께 계셨던 우리 하나님께 감사드렸다.

예전에 이신주의(理神主義, deism)라는 신학사조(神學思潮)가 있었습니다. 이신주의란 하나님은 이 세상에 계시지 않고 하나님이 만들어 놓은 법칙들로 이 세상이 돌아간다고 믿는 딱딱한 사상입니다. 이 세상을 정확한 매뉴얼에 의해 한 치의 오차도 없이 돌아가는 자동기계에 비유하고 있습니다. 이들은 기독교를 종교체계라기보다 거대한 윤리체계로 보았습니다. 하나님은 세상을 움직여 갈 법칙 하나를 이 땅에 던져 놓고 멀리 여행가신 분으로 소개합니다. 한때 이런 생각들이 매력적으로 보였습니다. 지적이고 깔끔하며, 신이 없다고 이야기하는 사람에 대한 적절한 답이 되겠다고 생각했기 때문입니다.

하지만 이런 생각은 그동안 경험한 하나님 덕분에 산산조각이 났습니다. 하나님에 대한 체험으로 인해서 이런 기계적인 생각은 빛 좋은 개살구 같은 이야기라고 결론지었습니다. 우리 하나님은 참 바쁘십니다. 우리 인간사(人間事)에서 한발 떨어져 한가로이 계시는 분이 아닙니다. 이 세상 구석구석 일어나는 일들에 다 간섭하시니 말입니다. 심지어 저 한 사람 길들여 가시는 일에도 그렇게 섬세하십니다. 제 주변 사람들의 면면을 보아도 마찬가지입니다. 하나님은 지금도 우리 모두를 위해서 열심히 일하고 계십니다. 교회를 다니든, 다니지 않든 하나님은 한 사람 한 사람을 위해 창의적으로 일하십니다. 그리하여 저는 지금도 진보하고 있습니다. 하나님이 저를 다 만들어 내었을 때에 제가 어떤 모습일지 궁금하고 살짝 기대도 됩니다.

별생각 없이 지나가는 책을 읽던 중에 버튼 베일리라는 분이 썼다는 시를 읽고 격려를 받았습니다. 내용은 다음과 같습니다.

최고의 시는 아직 쓰여지지 않았다.

최고의 집은 아직 지어지지 않았다.

최고봉은 아직 정복되지 않았다.

최대의 강에 다리는 아직 놓이지 않았다.

그러므로 두려워 말고 초조해 하지도 마라.

약한 마음을 먹지 마라.

기회는 이제 막 오고 있다.

최고의 일은 아직 시작되지 않았다.

최고의 작품은 아직 완성되지 않았다.

제가 소속되어 있는 교단은 예수교 대한성결교회입니다. 성결교단에는 "온전한 성결", "온전해지는 성결"을 믿습니다. 이 말은 이 땅의 그리스도인들이 죽기 전, 이 땅에서 온전하게 죄에서 자유로워지는 성결을 이룰 수 있다는 견해입니다. 저는 개인적으로 "내가 거룩하니 너희도 거룩하라."는 명령을 따르고 싶습니다(레 11:45). 그리하여 "여호와께 성결"을 제 가슴에 새기고 말방울에까지 새겨 놓고 살고 싶습니다(출 28:36; 39:40). 하나님께서는 우리에게 불가능한 것을 명령하시지 않았을 것이라는 단순한 믿음이 제게 있기 때문입니다.

제가 아는 한 우리 하나님은 우리에게 불가능한 것을 주문해 놓으시고 희망고문을 하시는 분이 아닙니다. 오히려 최고의 인간, 최고의 그리스도인을 만들기 위해 최선을 다해 일하시는 분입니다. 하나님의 최선이 내 힘으로 불가능한 일을 이루어 내실 것입니다. 그것은 우리를 최고의 인간, 최고의 그리스도인으로 만들어 내는 것입니다. 하나님은 이러한 목적을 이루어 가기 위해서 전봇대 하나도 사용하십니다. 개발이라는 이름 아래 나날이 변하는 지역을 통해서도 우리를 만들어 가십니다. 또 갖가지 내용으로 가득한 우리의 관계들을 사용하십니다.

하나님의 목적이 우리의 구체적인 삶과 만나는 것을 섭리(攝理)라고 합니다. 하나님의 섭리는 지금도 우리의 주변의 세세한 곳에서 살아 꿈틀거리고 있습니다. 그리스도인에게 우연은 존재하지 않습니다. 모든 것이 우리를 만들어 가시기 위해서 구체적이고 창의적으로 일하시는 하나님의 섭리입니다. 이러한 의미에서 저는 버튼 베일리의 시가 참 좋습니다. 그 섭리 속에서 성결한 그리스도인으로 자라날 사람들이 기대됩니다.

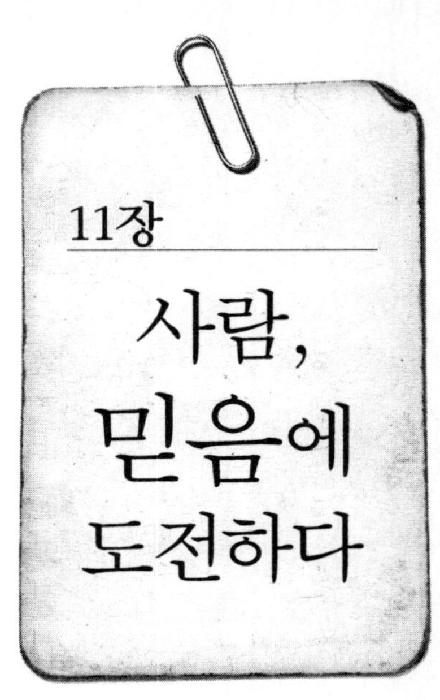

"죄송합니다. 명단에 없습니다."

감정이 전혀 실리지 않은 기계음이 수화기를 통해서 흘러나왔다. 하지만 1992학년도 전기 대학 입시에 떨어졌다는 선고이기 때문에 더욱 가슴이 아팠다. 처음에는 잘못 들은 줄 알았다. 떨어질 리가 없다고 생각했기 때문이다. 하지만 곧 부인할 수 없는 현실이 되었다. 사실 일 년의 재수 생활을 하는 중에 공부를 제대로 하지 못했다. 무엇보다 등록금을 벌어 놓는 일이 시급했다. 아무리 돈 버느라 공부를 소홀히 했을지라도 불합격은 믿기 어려운 일이었다. 커트라인이 그리 높지도 않은 신학대학교에서 말이다.

모든 비극은 작년에 시작되었다. 신학대학교에 지원하는 것을 반대하시던 아버지의 고집 때문이었다. 어렸을 때는 아무 생각 없이 목사가 되겠다는 막연한 꿈을 품었다. "어떤 일이 있어도 교회를 떠나지 말라."는 어머니의 유언도 있었다. 사실 그것으로도 족했다.

고등학교 2학년 때에 치르는 첫 번째 전국모의고사에서 자연스레 희망 대학을 신학대학교로 기입했다. 그러면서 죽어서도 의미 있는 일에 내 인생을 쓰고 싶다는 생각이 점점 굳어 갔다. 스쳐 지나갔던 여러 꿈들, 이를 테면 검사나 기자, 파일럿이나 요리사도 되고 싶었다. 하지만 오래 머무르지 않았다. 이런 일들은 최소한 나에게만은 의미 없는 일로 비춰졌다. 이 땅에서의 일들이었기 때문이다. 그러면서 나의 꿈은 이 땅 이후에도 가치 있을 만한 일, 즉 교회에서 성도들을 보살피는 일로 굳어졌다.

나의 꿈이 확고해지면서 목사가 되겠다는 꿈을 대수롭지 않게 생각하던 아버지가 달라지셨다. 거의 박해에 가까운 핀잔을 하셨다. 요지는 다음과 같았다.

"저 자식은 사지 멀쩡해서 신학교 가려 한다."

이후 등록금을 주시지 않겠다는 협박에 "마음대로 하시라!"는 배짱으로 맞서다가 정말로 대학에 가지 못하게 되었다. 정말로 등록금을 주시지 않았다. 나도 굳이 달라고 떼를 쓰지 않았다. 그러니 처음부터 신학대학교로의 진학은 어려운 일이었다.

그러나 아버지의 반대보다 나를 더욱 괴롭히던 것은 하나님이었다. 하나님도 나 같은 놈이 신학대학교에 가는 것을 기꺼워하지 않으셨다. 야간 자율 학습을 마치고 교회에 들려 기도를 하였다. 물론 신학대학교 진학을 위해서 하나님께 도움을 청하는 기도였다. 그런데 기도를 할 때마다 하나님께서 다음과 같은 응답을 주셨다.

"나는 네가 필요 없으니 네 갈 길이나 가라."

한두 번도 아니고 장래에 대한 기도를 드릴 때마다 가슴에 남는 이러한

144

응답은 실로 괴로운 일이었다. 실제로 신학대학교에 가고자 하는 일들이 여러 일로 막힐 때마다 이러한 하나님의 응답은 점점 바위처럼 온몸을 짓이겨 왔다.

1991학년도 대학입시에서 신학대학교에 합격을 하고 아버지께 말씀드렸다. 말씀은 그렇게 하셨어도 정작 합격증을 내밀면 꾸짖을지라도 등록금은 주실 줄 알았다. 하지만 등록금을 주시지 않겠다는 아버지의 말이 농이 아니었다. 당황한 나는 주변에는 "괜찮다."는 변명으로 사실을 숨기며 혼자 고민했다. 속사정을 아는 누나가 애처로웠던지 발 벗고 나서 주었다. 그리고 회사에 다니는 누나 친구가 등록금을 빌려 주겠다는 소식을 가져왔다. 모든 체증이 내려가고 뛸 듯이 기뻤다. 약속한 날에 통장을 들고 은행에 갔다. 등록 마감일이었다. 등록 마감에 전혀 생각지도 못한 곳에서 날아든 소식은 나중에 훌륭한 간증 거리가 될 만했다.

통장을 확인했다. 아직 돈이 들어와 있지 않았다. 점심 먹고 오후 일찍 송금하겠다는 말을 전해 들었으므로 아직 시간이 있었다. 요즘처럼 핸드폰이 일반화되지 못한 시절이라 막무가내로 기다리는 수밖에 없었다. 한참을 기다린 후에 통장을 다시 확인하였다. 역시 통장은 채워지지 않았다. 점점 은행 마감 시간이 다가오고 있었다. 은행을 나가 달라는 경비의 말에 잠깐만 기다려 달라고, 대학 등록금을 내야 한다고 애걸하며 버텼다. 셔터가 내려지고 더 이상 은행에 머무를 수가 없다는 것을 알았지만 지금 은행을 나가면 끝이라는 것을 알았기에 최선을 다해 버텼다. 급기야 경비원 아저씨에 의해 거의 끌려 나오듯이 은행을 나왔다. 은행 문이 '철커덕' 잠기는 순간에도 귀에 맴도는 말이 있었다.

"난 네가 필요 없다. 나는 내 갈 길 갈 테니, 너는 네 갈 길로 가라."

재수를 해야 했다. 며칠 뒤에 돈을 빌려 주려 했던 누나의 소식을 들었다. 은행을 가는 길에 당한 오토바이 사고로 병원에 입원해 있었다. 어이가 없었다. 그날 밤에도 교회에 기도하러 갔다.

"하나님, 도대체 제게 왜 이러세요? 제가 무슨 죄가 그리 많다구요."

역시 하나님으로부터 아무런 응답이 없었다. 이제 잘 알고 있다. 하나님은 자기가 불리하면 절대로 응답하는 분이 아니다. 부아가 치밀어 올랐다. 원통해서 하나님께 기도하고 본당의 의자를 넘어뜨리고 성경책을 던지며 행패를 부렸다.

"도대체 왜 이러시냐구요?"

이 정도 되면 하나님이 나설 것으로 생각했다. 하지만 보이지 않는 하나님은 아무런 대꾸조차 하지 않으셨다. 이제 남은 것은 하나님에 대한 오기와 아버지에 대한 원망뿐이었다. 하나님이 거절해도 나는 반드시 신학대학교에 갈 것이라 오기를 부렸다.

그래서 그 길로 집을 나와 부산으로 내려갔다. 돈을 벌기로 마음먹었다. 빈손으로 가출한 처지라 갈 곳이 없었다. 옛날 망미동에 살 때에 다녔던 태권도 도장이 생각났다. 그 도장에는 옥상으로 올라가는 계단에 작은 골방이 하나 있었다. 그 골방에서 친구들과 잠도 자고 놀기도 했다. 관장님하고도 친했으니 가서 부탁하면 될 것 같았다. 가서 골방에 머무는 조건으로 아침에 도장 문을 열고 모든 청소를 다 해 놓겠다고 말할 것이다. 다행히 태권도장은 그대로 있었다. 하지만 관장님은 모르는 분으로 바뀌어 있었다. 이야기가 잘되어 당분간 골방에 머물 수 있었다. 보일러가 들어가지 않는 방이라 추운 겨울을 덜덜 떨면서 지내야 했다. 빵과 우유로 끼니를 때우며 일자리를 찾아 부산 바닥을 헤집고 다녔다.

아파트 건설 현장에서 일자리를 얻었다. 일하기로 한 첫날 점심, 3일 만에 비로소 밥다운 밥을 받고 눈시울이 뜨거워졌다. 참 귀한 밥이었다. 오후에 맡은 일은 아파트 꼭대기에 오르는 일이었다. 큰 건설기계가 대형 파이프에서 콘크리트를 실어 쏟아붓는다. 그러면 나는 몇몇 잡부들과 함께 삽자루 하나를 들고 가서 넓게 펴야 했다. 무지하게 고되고 힘들었다. 마구 쏟아지는 질퍽한 콘크리트를 쉴 새 없이 펴야 했다. 코끝에서 땀이 떨어졌고 어깨와 허리는 부러질 듯이 아팠다. 하지만 무지막지한 건설기계들은 나의 몸 상태를 봐주지 않았다. 나의 고통에는 아랑곳하지 않고 시멘트를 토해 내는 기계들이 참 야속했다.

다음 콘크리트가 올 동안 잠시 쉬며 허리를 폈다. 멀리 학교가 보였다. 학생들은 운동장에서 체육을 하고 있었다. 학교에서 종소리가 울리더니 학생들이 썰물 빠지듯이 건물로 들어갔다. 그 광경을 보는데, 눈물이 핑 돌았다. 의아해 하는 주변의 아저씨들에게는 눈에 뭐가 들어갔다고 둘러댔다. 며칠 전까지는 나도 학생이었다. 그러나 여기서는 잡부이다. 쓸모없는 인간이라는 어감이 들어 있어서 잡부라는 말이 참 싫었다. 하지만 여기서 나는 꼼짝없는 잡부였다. 일용 잡부(日傭雜夫), 말 그대로 일회용으로 사용되는 잡스러운 일꾼이다.

어느 날은 벽돌을 날랐다. 몇 번 오가지도 않았는데, 다리가 후들거렸다. 점심시간에 서둘러 끼니를 때우고 시멘트 포대를 깔고 누웠다. 쪽잠을 청하는 일용 잡부의 귓가에 한 모녀의 대화가 들렸다.

"엄마! 저 아저씨 뭐해?"

"힘들어서 쉬시나 봐!"

"왜 길에서 자?"

"너도 공부 열심히 안 하면 저 아저씨처럼 되는 거야!"

웃음이 났다. 나도 옛날에는 볼품없는 직업을 가지고 사는 사람들을 보면서 저렇게 여겼었다. 그들이 가슴속에 가지고 있는 삶의 질고는 철저히 무시하고 말이다. 그러면서 '모든 사람들의 머리에는 저마다 삶의 무게를 지고 사는구나.'라는 생각이 들었다.

이러한 생각은 대학 입시 문제로 서울을 오가며 더욱 뼈저리게 느꼈다. 차비를 아껴야 했고, 밤에 기숙할 돈도 없었기에 야간열차를 타고 올라가야 했다. 울산에서 밤 9시에 출발하는 완행열차는 다음날 새벽 6시에 청량리역에 도착했다. 울산에서 강원도 줄기를 타고 올라가 강원도 꼭지를 찍고 서울로 향하는 기차였다. 항상 만원이었던 열차 안에서 다양한 사투리를 사용하는 많은 사람들을 만났다. 저마다 한가득 이야기보따리를 풀어 놓으며 목적지로 향하고 있었다. 저마다 지고 있는 삶의 냄새로 가득한 열차였다.

추운 겨울이었지만 열차간 사이의 승하차 계단에 앉았다. 이러고 앉아 있는 꼴이 한심해서 울기도 했지만, 그래도 포기하지 않겠다는 각오로 기도했다. 스스로 대견하다고 위로했다. 당시에는 후기였던 경기도 안양에 있는 성결대학교에 응시했다. 또 떨어질까 봐 겁이 나서 야간학부에 지원했다. 공부를 전혀 하지 못했으므로 그마저도 불안했다. 그해 대학 입시에 서울신학대학교에서 시험문제지 유출 사건이 있었다. 그래서 대입 시험일자가 미뤄졌는데, 이 사건은 돈을 버느라 공부할 짬이 없던 나에게는 천금 같은 시간을 마련해 주었다.

"축하합니다. 합격입니다."

역시 메마른 감정의 기계음이 들렸다. 하지만 이번에는 뛸 듯이 기뻤다. 아마 커트라인에 턱걸이로 합격했을 것이다. 또 잘못되면 재기할 수 없다는 불안감에 야간대학에 지원한 결과일지도 모른다. 이러나저러나 꿈을 이룬 것이다. 꿈을 누릴 수 있는 기간이 아주 짧을 것이지만 한 번은 이루어 냈다고 만족하고 있었다. 일단 그것으로도 흐뭇했다.

합격증을 들고 제일 먼저 찾은 곳은 어머니의 산소였다. 울산공원묘지에서 가장 값이 싼 구역에 있고 가장 후진 모양의 산소이다. 좋아하시는 어머니의 모습을 느낄 수 있었다. 하늘에서 하나님께 자랑할 것이라 생각하니 뿌듯했다. 아주 대견하게 여기고 계시다고 믿었다.

만약에 어머니가 살아 계셨더라면 나의 이루어진 꿈이 그리 빨리 끝나진 않았을 것이다. 무슨 수를 써서라도 공부를 계속할 수 있도록 뒷바라지를 하셨을 것이다. 그러나 하나님은 그런 어머니를 아주 일찍 데려 가셨고, 지금은 나의 꿈을 가로막고 계신다. 하나님은 내게 꼭 있어야 할 것은

너무 빨리 가져가시고 꼭 필요한 것은 여간해서는 주지 않으셨다. 여간 깐 깐한 분이 아니다.

그간 벌어 둔 돈으로 간신히 등록금을 채워 넣었다. 그리고 꿈에 그리던 신학대학교의 입학식에 참석할 수 있었다. 하지만 등록금을 다 내고 나니 10만 원도 되지 않는 돈이 남았다. 이 돈으로는 학교를 다닐 수 없었다. 아버지는 여전히 "사지 멀쩡한 놈이 신학교에 간다."고 비난하셨고, 가든 말든 자신은 상관하지 않겠다고 말씀하셨다. 버틸 수 있는 데까지 버티다가 울산으로 돌아와서 아버지와의 관계를 풀기로 했다. 아버지는 언젠가 풀어야 할 숙제였다.

서울로 올라오기 전 교회를 찾았다. 나의 진학을 반대하시는 하나님께 다음과 같이 기도했다.

"하나님! 일주일, 저 같은 놈이 단 일주일만이라도 신학생으로 살 수 있다면 그것으로 만족하겠습니다. 그것만으로도 감사합니다."

성경에는 수많은 사람들이 등장해서 갖가지 사건 사고를 거칩니다. 모든 등장인물들은 생로병사(生老病死)와 희로애락(喜怒哀樂)을 반복하며 성공과 실패를 오갔습니다. 성경의 여러 사건들 가운데서 가장 감동적인 장면을 3가지 꼽아 봤습니다.

첫째 장면은 예수님께서 십자가에서 돌아가시는 장면입니다. 어디선가 십자가 형벌의 직접적인 사인(死因)은 질식이라는 이야기를 들었습니다. 양팔을 벌리고 버티면서 숨을 쉬다가 힘이 빠지면 몸이 밑으로 쳐집니다. 그러면 창들이 폐부를 더욱 깊숙이 찌르고, 혈액부족이 일어납니다. 하지만 더욱 시급한 문제는 호흡곤란입니다. 숨을 오가게 하는 횡격막의 활동에 큰 지장이 있기 때문입니다. 그래서 힘을 내어 못이 박힌 손목을 의지하여 몸을 끌어 올립니다. 그리곤 숨을 쉬지요. 아마 예수님은 최소한 일곱 번 이상 이 동작을 반복하신 것 같습니다. 왜냐하면 십자가 위에서 예수님이 하셨던 일곱 번의 말씀이 전해지기 때문입니다. 이것을 '가상칠언(架上七言)'이라고 합니다.

하나님께 '왜 나를 버리시느냐'고 고통 중에 울부짖는 말씀이 첫 번째 말씀이었습니다. 아마 이 말씀은 극심한 고통을 시편을 외우며 이겨 내던 중에 터진 것 같습니다. 시편 22편에 그 내용이 나옵니다. 이후 자신을 못 박는 이들을 위한 용서의 기도가 이어지고, 옆에서 죽어 가는 다른 죄수를 위로하십니다. 자신의 제자 요한에게 어머니 마리아를 부탁하시고는 '모든 것을 다 이루어 냈다'고 만족하십니다. 결국 자신의 영혼을 하나님께 맡긴다는 말씀을 끝으로 숨을 거두십니다. 이 대목을 읽으면서 구구한 구약의 역사를 통해서 준비되셨고, 구약과 신약의 중간 역사 400년을 통해 때를 무르익게 하여 이 땅에 보내진 구원자의 완성을 봅니다. 스스로가 하나님이기도 하고 하나님의 외아들이기도 한 전능자가 자기 목조차 가누지 못하는 사람의 아들로 태어나서 자라셨습니다. 30세가 되어서는 당시의 완고하고 타락한 종교 조직과 싸우고, 근본적으로는 죄의 세력을 물리치시며 치열하게 사셨습니다. 이렇듯 자신의 사명을 다하고 한 인간으로서의 생을 다하는 예수의 처형 장면을 보며 감동을 받은 적이 여러 번입니다. 인간 구원의 정점이 되는 그 자리에 제가 있었다면 예수님을 십자가에게 끌어 내리고 싶다는 충동을 여러 번 받았습니다.

두 번째는 부활하신 예수님이 베드로를 찾아 갈릴리 호숫가를 찾으시는 장면입니다. 예수님은 지난날 야외법정에서 자신을 세 번이나 부인한 베드로를 찾아오십니다. 고향으로 낙향한 베드로는 패배자의 슬픔과 무기력 속에 침몰하고 있었습니다. 그러나 예수님은 베드로를 내버려 두지 않으셨습니다. 자기 자신을 세 번이나 부인했던 베드로에게 다시 세 번이나 사랑을 고백하게 합니다. 그리고 그에게 새로운 사명, "내 양을 먹이라"는 임무를 주어 베드로를 일으켜 세웁니다. 이 대목 역시 언제 읽어도 감동적인 장면입니다. 이 부분을 읽을 때에 멀리서 고기 잡는 제자들을 보시며 아침 식사를 준비하시는 예수님이 보고 싶습니다. 그리고 예수님이 피워 둔 불을 중심으로 앉아 아무 말도 없이 아침을 먹는 어색한 자리가 보고 싶습니다. 그들 사이에 흐르는 미묘한 감정선이 느껴집니다. 가끔 거기서 푼수를 떨고 싶다는 충동을 느낍니다.

마지막 세 번째는 구약에 있습니다. 느보 산에서 모세가 죽는 장면입니다. 우여곡절 끝에 태어난 모세는 이집트 바로의 왕궁에서 왕자로 자랍니다. 하지만 자신이 이집트인이 아니라, 고초를 겪는 노예인 이스라엘 사람이라는 사실을 기억하고 있습니다. 그리고 시행착오를 거쳐 80세 노년(老

年)에 이스라엘 민족의 지도자가 됩니다. 그들을 약속의 땅 가나안으로 인도하게 되었습니다. 하지만 하나님을 온전하게 신뢰하지 못했던 60만 명의 이스라엘 사람들은 40년 동안 광야를 맴돌게 되었습니다. 모세의 나이도 120세 노인이 되었습니다. 이제 가나안 땅을 눈앞에 두고 있습니다. 그런데 하나님께서 모세에게 청천벽력(靑天霹靂) 같은 말씀을 하십니다.

"너는 여리고 맞은편 모압 땅에 있는 아바림 산에 올라가 느보 산에 이르러 내가 이스라엘 자손에게 기업으로 주는 가나안 땅을 바라보라. 네 형 아론이 호르 산에서 죽어 그의 조상에게로 돌아간 것같이 너도 올라가는 이 산에서 죽어 네 조상에게로 돌아가리니."(신 32:49-50)

결국 모세는 꿈에 그리던 가나안 땅을 밟아 보지도 못하고 죽습니다. 느보 산에 올라 멀리 가나안 땅을 바라보며 말입니다. 그의 눈에 여리고 맞은편이 보이고 장차 이스라엘 민족이 머둗 온 땅이 눈에 들어옵니다. 여러 성읍들과 골짜기와 평지를 봅니다. 그러나 그는 이곳에 들어갈 수 없었습니다. 이 광경을 보며 모세는 울었을 것입니다. 가슴 깊이 흐느꼈을 것입니다. 그리고 서서히 숨을 거둡니다. 지난 120년 동안 하나님을 위해 이어진 모세의 인생 역정(歷程)이 이렇게 마감되는 장면을 읽으면서 나도 눈물이 났습니다. 마치 비극적인 대서사시가 닥을 내리는 것 같습니다. 하나님께 부탁드리고 싶었습니다.

"하나님, 그래도 이건 아니잖아요. 모세가 불쌍하지도 않으세요?"

모세가 므리바의 물가에서 했다는 범죄가 얼마나 큰 죄라고 이렇게 심한 처벌을 내리시는지 이해가 되지 않았습니다(신 32:51). 그것이 옛 시대는 가고 새 시대를 시작하는 모형이 되거나, 여호수아가 올바른 영도력을 발휘하기 위한 것이라든지, 모든 일을 혼자서 이룬 모세가 교만해질 것 같아 미리 모세를 보호한 것이라는 후대의 여러 해석도 납득이 되지 않았습니다. 게다가 성경은 분명 모세가 여전히 건강했다고 전하고 있습니다.

"모세가 죽을 때 나이 백이십 세였으나 그의 눈이 흐리지 아니하였고 기력이 쇠하지 아니하였더라."(신 34:7)

그렇다면 이건 너무 가혹한 처사였습니다. 하지만 정작 당사자 모세는 비교적 순순히 하나님의 결정을 받아들입니다. 후계자도 세우고, 자신이 할 수 있는 마지막 일인 하나님의 말씀을 기록으로 정리하여 남깁니다. 끝으로 이스라엘 백성에게 마지막 축복을 합니다. 이해하기 어려운 태도입니다. 모세는 아직 제가 모르는 다른 무엇을 알고 있는 모양입니다.

제가 일방적으로 모세의 편을 드는 것은 가나안 땅으로의 입성을 거절당하고 느보 산에서 숨을 거두는 모세가 꼭 저의 처지와 유사하다는 생각 때문입니다. 제가 다른 일을 하겠다는 것도 아니고 하나님의 일을 하고 싶다는 소원을 가지고 사는 것뿐입니다. 그것으로 나쁜 일을 도모하겠다는 것도 아니고, 그동안 제가 하나님과 하나님의 교회에 지독하게 폐만 끼치고 살았던 것도 아닙니다. 설령 피해만 주고 살았더라도 지금이라도 "하나님을 위해서 살겠다."하면 용서하시고 맞아 주시는 분이 하나님 아닙니까? 나중에 유명한 사도 바울이 된 사울처럼 말입니다. 그런데 하나님은 막무가내로 모세의 앞길을 막으셨던 것처럼 저의 앞길도 막으셨습니다.

그런데 나 스스로도 이해가 되지 않는 것이 있습니다. 이쯤 되면 하나님을 비방하고 떠나도 될 텐데, 도무지 그런 마음이 생기지 않는다는 사실입니다. 하나님께서 이렇게 무심하게 나오면 나올수록 더더욱 하나님께 매달리게 됩니다. 참 기가 막힐 노릇입니다. 어쩌면 저도 이러한 이해 못할 심정이 씨앗이 되어 모든 일을 순순히 받아들였던 모세의 수준으로 길들여질지 모르겠습니다.

갈릴리에서 다시 세워지는 베드로의 이야기는 저의 꿈입니다. 하나님도 어느 날 문득 제게 찾아와 물으셨으면 좋겠습니다.

"네가 나를 사랑하느뇨?"

그러면 저는 우렁차고 감동적으로 "그렇습니다."라고 대답하고 하나님의 종으로 세워지겠지요. 여전히 하나님께 허락조차 받지 못한 사람으로서는 너무 큰 꿈인지도 모르지만 그런 소원을 담기 좋아서 갈릴리에서의 이야기를 좋아합니다. 예수님은 아직 제가 쫓아가기에는 멀리 있는 분 같습니다. 저는 그런 초인적인 신앙의 결정체를 보일 준비도, 자신도 없습니다. 그저 몇 발짝 앞에다 두고 따라가고 싶습니다.

그러고 보니 제가 성경에서 가장 감동적이었다고 꼽은 세 가지 장면에는 공통점이 있습니다. 치열하게 자신의 삶을 추구하고 있다는 것입니다. 예수님은 자신의 목숨을 걸고 자신의 사명을 다하고 있습니다. 그리고 장렬하고 숭고하지만 억울한 죽음을 선택하셨습니다. 베드로는 모든 것을 걸고 주님을 따라 나섰습니다. 하지만 실패하고 귀향했습니다. 이런 베드로에게 예수님은 다시 치열한 삶을 살도록 치료해 주셨습니다. 모세도 120년의 역경을 뚫고 나와 자신의 사명을 눈앞에 두고 죽었습니다. 그가 설렁설렁 살아온 사람이었다면 모세의 죽음에 그다지 감명을 받지 못했을 것입니다.

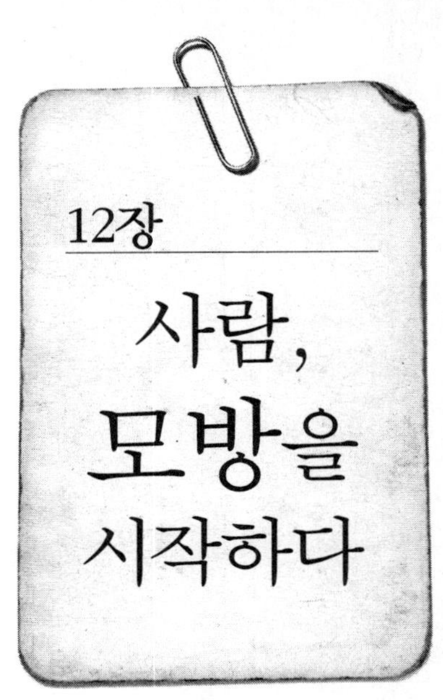

“87,000원…….”

등록금을 납부하고 수중에 남은 돈이다. 이제 어떻게 할지 생각했다. 일단 짐을 둘 곳, 잠을 잘 곳이 필요했다. 가장 손쉽게 들어갈 수 있는 곳은 24시간 개방하는 독서실이었다. 하루에 6,000원이었다. 일주일 치의 자리 값을 치렀다. 마음 같아서는 이주일 치의 값을 치루고 싶었지만, 그렇게 하면 단 한 끼의 밥도 먹을 수 없었고, 집으로 돌아갈 차비조차 남지 않았다. 일주일의 기간은 어쩔 수 없는 선택이었다. 신입생은 휴학할 수 없다는 이야기를 학적과에서 들은 후 모든 것은 정해졌다. 나에게 신학생의 신분이 허락되는 것은 단 일주일뿐이었다. 하나님께 드리던 기도의 내용도 그랬다. 하나님께서 나를 필요 없다고 하시니 다른 도리가 없었다.

“하나님! 일주일만이라도 허락하신다면 만족하고 감사합니다. 시간이 다하면, 미련 없이 집으로 돌아가겠습니다.”

짧아서 더 소중한 신학생의 생활이 시작되었다. 지금부터 내가 가지는 모든 순간은 마지막으로 하는 것이다. 그래서 더 열심히 살겠다고 마음먹었다. 첫 번째 수업이 시작되던 때를 잊을 수 없다. 〈기독교와 문화〉라는 시간이었다. 수업을 담당하시는 교수님이 들어오셨다. 가슴 벅찬 순간이었다. 그리고 첫 말씀을 떼셨다.

"기도합시다."

'학교 수업에 기도를 하다니….'

수업을 들어온 학교 선생님에 의해서 그것도 수업 시간에 기도를 한다는 것은 그동안 둘로 나누어져 있던 생활 터전이 하나로 이어지는 놀라운 자극이었다. 게다가 신학대학교의 교수님은 이전 중고등학교에서 만났던 선생님들과는 격이 달라 보였다. 그리고 교수님은 이보다 더 점잖을 수 있을까 싶을 정도로 차분하고 세련되셨다. 아마 신사라는 말은 이런 분들 때문에 생긴 것이라 느꼈다. 출석을 부르실 때에도 교수님은 아들뻘 되는 학생들에게 깍듯이 존칭을 하셨다. 그리고 한 사람 한 사람에게 반갑다고 하셨고 잘 왔다고 환영해 주셨다.

그분은 교수이자 시인으로 훗날 성결대학교의 총장이 되었다. 수업 중에 직접 지으신 시를 외워 주셨다. 격무(激務)에 지친 몸을 이끌고 버스를 기다리는 심정을 노래한 내용이었다.

저 멀리서 막차의 불빛이 보인다. 사람들이 버스가 정차할 만한 곳으로 이동했고 목사인 시인도 버스에 다가간다. 버스의 문이 열리고 사람들이 버스에 타려고 한다. 모두들 피곤했기에 몇 개 남지 않은 좌석에 앉을 의지가 역력하다. 시인도 마찬가지이다. 사람들은 몰려들고 조용한 신경전이 이어진다. 그리고 시인은 마지막 행을 읊으셨다.

"내가 양들과 몸싸움을 하고 있다니…."

신선한 충격이었다. 목사가 누구이고 어떤 사람인지를 한 컷의 이미지로 새겨지는 시간이었다. 많은 사람들 틈에서 목사로 사는 사람이 가질 기본적인 태도를 배웠다. 지금까지 어디에서도 들어보지 못한 가르침이었다. 여태까지 모두들 이기라고 했고, 넘어서라고 했고, 앞서 가라고 했다. 이기고 나서 자비를 베풀라는 종류의 가르침을 받았다. 그런데 목사라면 처음부터 물러서라는 것이다.

이후에 이어지는 다른 시간들도 신학대학교에 오기를 잘했다는 것을 서로 경쟁하듯 증명해 주었다. 그래서 내게 주어진 시간이 일주일밖에 없는 것이 더욱 아쉬웠다. 하나님으로부터 인정받지 못한 사람의 비극이었다.

신학대학교에 들어가면 가장 많이 받는 질문이 있다.

"어떻게 신학교로 부름 받으셨어요?"

이 질문에 대답하는 신입생이나 선배들은 저마다 신학대학교에 온 이유와 자기의 분명한 사명을 말했다. 많은 신학생들의 답변 내용은 갖가지였지만 핵심은 하나였다. 그것은 하나님께서 자신을 매우 필요로 했다는 것이다. 그중에는 자신은 오지 않으려고 무던히도 애를 썼는데, 하나님은 자신을 붙잡기 위해서 갖가지 방법을 동원하셨다는 사람이 많았다. 사업을 망하게 하시거나 건강을 치시기도 했다. 자신을 꼭 붙잡기 위해서라고 했다. 때문에 자신은 오기 싫었는데, 어쩔 수 없이 왔다고 뻐겼다. 우리 하나님은 이 사람 저 사람 쫓아다니시느라 참 힘드셨겠다고 생각했다.

'그럼, 난 뭐야….'

더 감동적이고 더욱 기적적인 답변을 들을 때마다 한쪽 가슴이 점점 더 먹먹해졌다. 모두들 하나님이 필요로 해서 불러 모은 사람들이었다. 나만 빼고 말이다. 나는 하나님이 필요 없다고 하셨지만, 붙여 달라고 억지를 부려서 들어왔다. 그것도 일주일 동안만 허락된 시간이었다. 부러웠다. 모두들 하나님으로부터 선택되었다는 비교하지 못할 신분을 가진 사람들이었다. 나는 끼지 못할 데에 끼어 있다는 어색함과 함께 하루가 갈수록 부러움이 더 짙어졌다.

목요일 밤이었다. 야간학부여서 학교를 밤 10시에 마치고 독서실에 돌아왔다. 하루가 또 갔다는 아쉬운 마음에 슬펐다. 게다가 내일은 마지막 날이었다. 독서실의 내 자리에 들어섰다. 옆자리에 불이 켜져 있었는데 사람은 없었다. 책상에 놓여 있는 책이 보였다. 분홍색 커버의 낯이 익은 책이었다. 정규남의 『구약개론』이다. 이번 학기에 배우는 책이다. 정말 사고 싶었지만 일주일의 시간을 버텨야 했기에 구경하는 것으로 만족했던 책이다. 그렇다면 이 자리의 주인도 성결대학교의 학생인 모양이다.

'누구는 갈 곳이 없어서 여기 있는데, 어떤 녀석은 팔자가 좋아서 자리 잡아 두고 공부하는구나….'

가슴이 더 먹먹해졌다. 독서실 자리의 불이 켜져 있는 것으로 보아 이 자리의 주인은 멀리 간 것이 아닌 것으로 보였다. 곧 돌아올텐데, 피하고 싶었다. 딱히 갈 곳도 없었지만, 독서실을 나섰다. 그래서 학교에 가기로 마음먹었다. 정문을 들어서는데, 저 멀리서 웅성웅성 소란한 소리가 들려왔다. 데모를 하는 모양이었다.

'학교에 무슨 불만이 많아, 집에도 안 가고 데모를 하나? 철딱서니 없는 것들….'

도대체 어떤 애들인지 낯짝이 궁금해서 소리를 따라갔다. 학교 운동장이었다. 꽤 경사가 가파른 길을 지나 투덜거리며 운동장에 들어섰다. 그리고 깜짝 놀랐다.

"이럴 수가!"

40-50명은 족히 될까? 운동장을 둘러싼 스탠드에 여러 사람들이 바둑판의 바둑알처럼 드문드문 박혀 기도를 하고 있었다. 저마다의 기도소리가 너무 커서 멀리서는 데모하는 소리로 들릴 정도였다. 소름 돋는 풍경이었다. 운동장 중앙에 서니 한 사람 한 사람의 기도 내용도 알아들을 수 있었다. 부모님의 완쾌를 위해 기도하는 이가 있었다. 중국의 복음화를 위해서 기도하는 이도 있었다. 학교를 위해서 기도하는 이도 있었고 등록금을 내지 못해서 울부짖는 사람도 있었다. 뒤통수를 내리 맞은 것 같았다.

"나는 왜 기도하지 않았지?"

일주일간의 학교생활을 그저 받아들이고 있을 뿐 나의 아버지 하나님께 기도하지 않고 있었다. 마치 나의 육신의 아버지께 등록금을 달라고 말하지 않은 것처럼 말이다. 내겐 하나님이 있는데, 그에게 도움을 청하지 않고 혼자서 버티고만 있었다. 가슴이 뭉클했고, 어이없는 눈물이 핑 돌았다. 실로 오랜만에 기도하고 싶다는 욕구가 끓었다. 오른쪽 상단의 빈자리가 눈에 띠었다.

기도했다. 계속해서 학교를 다니고 싶다고 기도했다. 도와달라고 간절히 기도했다. 기도하는 동안, 지난 시간 하나님께 "나에게 도대체 왜 이러시냐?"라고 앙탈을 부리고 고집만 부렸지 도와달라고 말하지 않았다는 것을 깨달았다. 하나님의 첫마디에 자포자기(自暴自棄)하고 가만히 있었다. 그저 온몸으로 고통을 느끼며 가만히 있었다. 이 고통이 지나가기만을 바라며 힘껏 버티고만 있었다. 그리고 이날 밤 비로소 처음으로 기도했다.

"하나님! 이렇게 기도하는 사람이 가득한 이곳에서 공부하고 싶습니다. 이 학교에서 가장 괜찮은 사람이 되고 싶습니다. 하나님이 도와주세요."

기도가 마무리되고 자리에서 일어섰다. 역시 혼자였다. 혼자라는 쓸쓸함이 드디어 기도를 했다는 뿌듯함보다 먼저 다가왔다.

독서실로 돌아오니 옆자리에 팔자 좋다고 질투했던 사람이 앉아 있었다. 그가 인기척에 고개를 쳐들었다.

"너 뭐냐?"

"네?"

"너 뭐냐고?"

"무슨 말씀이신지?"

"너 왜 여기에 있냐고?"

밑도 끝도 없는 질문을 연신 던져 대는 팔자 좋은 그 사람은 신학과 2학년에 재학 중인 박성대라고 자신을 소개했다. 나보다 한 살 많은 형이었다. 그 역시 갈 곳이 없었다. 나와 같은 처지였다. 재수한 것까지 같았다. 요 며칠 나를 지켜봤다고 했다. 신입생 같은데, 독서실에서 기숙하는 것이 마음에 걸려 오늘은 작정하고 나를 기다렸다고 한다.

"뭘 하느라고 밤늦게 돌아다니나? 기다리다 졸려 죽는 줄 알았다야. 새벽기도도 가야 되는데….."

오늘 있었던 일을 이야기했다. 그는 고개를 끄덕이며 호응해 주었다. 그리고 좋은 일이 있기를 기도해 주었다. "그만 조용히 좀 해 달라"는 맞은편 사람의 핀잔을 듣고 잠자리에 누웠다. 잠자리라고 해 봐야 독서실 책상 밑으로 발을 뻗고 눕는 것이다. 책으로 베개를 삼고 수건으로 간신히 배만 덮었다. 그래도 바닥은 따뜻했고 아는 사람과 나란히 누우니 마음도 한결 편했다. 그렇게 신학대학교에서의 마지막 밤이 지나갔다.

마지막 날이 밝았다. 이른 아침이었는데도 성대 형의 자리는 비어 있었다. 새벽기도회를 갔다가 바로 아르바이트하러 간 모양이다. 그 형은 어느 공장에서 일한다고 했다. 박봉이지만 틈틈이 시간이 많이 나서 좋다고 했다.

마지막까지 최선을 다하겠다는 마음으로 아침 일찍 학교에 갔다. 울산으로 갈 차비가 간당간당했기 때문에 아침밥을 먹지 못하고 그냥 학회실로 갔다. 이른 시간인데도 벌써 학교에 도착한 선배들이 있었다. 따끈따끈한 식빵을 먹고 있었다. 새벽 인력시장에 나갔다가 일을 얻지 못했다고 했다. 이를 데마찌라고 했다. 요즘 부쩍 작업대기가 늘었다고 한숨을 쉬었다. 다 조선족이나 동남아 사람들 때문이라고 투덜댔다. 나에게 식빵을 권했지만 면목이 없어 거절했다. 구수한 식빵 냄새를 근근이 참고 있는데, 학회실 문이 '쿵' 소리와 함께 열렸다. 그리고 매부리코에 파키스탄 사람처럼 생긴 사람이 들어왔다. 교환학생인줄 알았다.

"최윤영이가 누구야?"

"전데요."

사람을 위아래로 훑는 눈이 친절해 보이지는 않았다.

"아침은?"

"먹었는데요."

"구라치고 있네."

뒤통수를 한 대 맞았다. 그런데 싫지 않았다.

"짐은?"

다짜고짜 나타나 뒤통수를 내리치는 파키스탄 사람은 2학년 선배 민우 형이었다. 독서실의 짐을 정리하고 밑도 끝도 없이 끌려간 곳이 민우 형의 자취방이었다. 부엌도 화장실도 딸려 있지 않은 방이었다. 공짜로 나눠 주는 무가지 신문에 "잠자는 방"이라고 실리는 방으로, 크기도 매우 작았다. 방안의 짐이라고는 책상으로 쓰는 것 같은 창가의 밥상 하나와 그 옆의 등산용 배낭 2개가 전부였지만 우리 둘이 들어앉자 꽉 찼다. 민우 형은 당분간 우리가 함께 지낼 방이라고 했다. 방이 좁았기에 오히려 더욱 고마웠다.

"뭐, 좁긴 해도 그럭저럭 살아질 게다."

아침에 성대 형의 부탁을 받았다는 말만 들었다. 심하게 작은 골방이라 우리 두 사람이 나란히 누우면 어깨가 맞닿아 곤욕스러울 정도였다. 그래서 옆으로 누워 자야 했다. 오른팔이 저리다며 투덜대던 민우 형은 고생스럽지만 조금만 참자고 오히려 날 격려했다. 가끔 성대 형이라도 찾아오면 꼼짝달싹할 수도 없이 꽉 끼었다. 그러면 민우 형은 짜증을 부렸지만 그 짜증이 오히려 우리를 더욱 편하게 만들어 주었다.

민우 형은 시장에서 점심시간에만 국밥을 배달하는 아르바이트를 했다. 뚝배기 배달이라서 아주 무거웠던 모양이었다.

"직업병이야. 목을 못 돌리겠어."

아줌마들이 주로 하는 알바였는데, 남자인 자신이 하려니 창피하다고 했다. 그래도 처음에는 남자의 자존심을 살리려고 머리에는 이고 다니지는 않으려 했단다. 하지만 넓은 쟁반을 머리에 이지 않고는 도저히 배달할 방법이 없어서 머리에 이고 다닌다고 했다.

"모양 빠지는 일이지만, 할 수 없지 뭐! 헤헤헤 아이고 목이야."

가끔 검은 봉지에 순댓국을 담아 왔다. 무릎을 맞대고 앉아 봉투 안의 순댓국에 숟가락을 찔러 넣어 퍼서 먹었다. 국물이라도 흘리면 여지없이 뒤통수를 얻어맞았다. 얻어맞고 웃다가 입속의 건더기를 온 방에 퍼뜨리기라도 하면 특유의 짜증을 부렸다. 물론 치우는 것도 민우 형이 했다. 그렇게 나의 신학생 시절은 연장되었다. 나는 그들과 함께 살면서 신학생으로 사는 법을 터득하고 있었다. 그들과 함께 어려움을 넘기는 비결을 익히고 있었다.

고통을 이겨 내는 법도 배워야 합니다. 신학대학교를 들어가기 전, 저만 특별히 어렵고 힘들게 지내고 있다고 생각했습니다. 하지만 저보다 한 발 앞서가던 선배들을 보면서 제가 특별하지 않다는 것을 알았습니다. 그리고 그들을 통해서 어려운 상황을 이겨 내는 방법을 배우기 시작했습니다.

예로부터 정말 중요한 것은 지식을 알려 주는 것으로 전해지지 않았습니다. 스승과 여러 제자가 모여 살면서 전수되었습니다. 동거동락(同居同樂)하는 생활 중에 스승을 모방하면서 배우는 것을 기본으로 했습니다. 제자들은 스승을 모방하다가 점차 모방의 수준을 벗어나 자기만의 독창성을 가지기 시작합니다. 독창성을 가지기 전의 모방을 미메시스(Mimesis)라고 합니다. 신학대학교에서 교수님들로부터 진행되는 강의는 훌륭했습니다. 하지만 더 훌륭한 가르침은 함께 사는 친구들, 선배들과 함께 살면서 그들을 따라 하다가 익히게 되는 태도였습니다. 신학대학교에서 하나님의 사람으로 살아가는 저의 미메시스가 시작된 것입니다. 하나님에 대한 태도, 자신의 상황에 대한 태도를 좇아 하기 시작했습니다.

예수님도 모방의 기회를 주는 것으로 제자들을 키워 내었습니다. 함께 먹고 자면서 자연스러운 기회를 주었습니다. 자신의 모든 생활을 열어 보이셨습니다. 그 안에서 제자들은 그때그때 예수님이 어떻게 말씀하시고, 어떻게 선택하시는지를 보고 배웠습니다. 제자들은 체험 학습을 통해서 길러졌고, 스승보다 큰 꿈을 꾸게 되었습니다. 심지어 예수님은 제자들에게 너희들은 자신보다 더 큰일을 할 것이라고 예언하셨습니다. 이런 꿈을 먹고 제자들은 하나하나 완성되어 갔습니다. 여호수아도 위대한 지도자 모세를 따라다니다가 지도자로서의 수양(修養)을 마쳤습니다. 그리고 모세가 꿈에 그리던 가나안 땅의 정복 사업을 이뤄 낸 사람은 모세를 보고 자란 여호수아였습니다. 사도 바울은 빌립보 교인들에게 자신을 본받으라고 했습니다. 그리고 그리스도를 본받는 자신을 따라오던 디모데와 에바브로디도를 빌립보교회의 모델로 세워 주었습니다.

구약에서 미메시스의 과정을 가장 열정적으로 밟아 간 사람은 엘리사가 아닌가 생각합니다. 엘리사는 엘리야 선지자의 제자였습니다. 어느 날 하나님은 엘리야를 회오리바람으로 승천시키겠다고 마음먹으셨습니다. 엘리사는 하늘로 올라가려는 스승을 죽어라 뒤쫓아 갑니다. 엘리야와 엘리사가 주고받은 대화가 성경에 상세히 기록되어 있습니다(왕하 2:1-6). 엘리야가 말합니다.

"하나님께서 나를 벧엘로 부르신다. 너는 여기에 머물러 있으라."

"하나님의 살아 계심과 스승님의 영혼을 두고 맹세합니다. 스승님을 떠나지 않겠습니다."

그리하여 두 사람은 함께 길을 떠납니다. 다른 오십여 제자들도 동행합니다. 이들을 떼어 놓는 데 실패한 엘리야가 다시 말합니다.

"하나님이 나를 여리고로 보내시려 한다."

"하나님의 살아 계심과 스승님의 영혼을 두고 맹세합니다. 스승님을 떠나지 않겠습니다."

엘리사는 하나님께서 엘리야를 하늘로 들려 올라오게 하실 것을 알고 있었습니다. 그래서 반드시 그를 쫓아가겠다고 다짐합니다. 여리고까지 뒤따라갑니다. 엘리야는 엘리사를 떼어 놓으려고 무던히도 애를 쓰지만 엘리사는 놓아주지 않습니다.

"하나님이 나를 단으로 보내시려 한다. 너는 여기 머물러 있어라."

"하나님의 살아 계심과 스승님의 영혼을 두고 맹세합니다. 스승님을 떠나지 않겠습니다."

오십여 명의 제자들이 멀찍이 떨어져 두 사람을 지켜봅니다. 갑자기 엘리야가 겉옷을 벗더니 요단강물을 내리칩니다. 물은 이리저리 갈라지고 두 사람은 마른 땅을 걸어 요단강을 건넙니다. 엘리사는 승천을 앞두고 있는 엘리야를 끝까지 따라다닙니다. 엘리사를 떼어 놓지 못한 엘리야가 다급하게 소원을 묻습니다. 그러자 엘리사는 비로소 자신의 소원을 말합니다.

"당신의 성령이 하시는 역사가 갑절이나 내게 있게 하소서."(왕하 2:9)

난색을 표하던 엘리야는 하나님께서 보내신 회오리바람을 타고 하늘로 승천을 합니다. 그 광경을 보고 부르짖던 엘리사는 하늘에서 떨어지는 엘리야의 겉옷을 주워 듭니다. 그리고 엘리야처럼 요단강물을 겉옷으로 내리칩니다.

"그도 물을 치매 물이 이리저리 갈라지고 엘리사가 건너니라."(왕하 2:14)

이후 엘리사는 스승 엘리야 선지자 못지않은 큰 사람으로 하나님의 능력을 드러내어 위기의 이스라엘을 구해 냅니다. 이처럼 스승의 기술과 태도를 본받고 따라 하다가 스승을 본받고, 급기야 스승처럼 되거나, 스승을 뛰어넘는 청출어람(靑出於藍)이 되는 과정을 미메시스의 과정이라고 합니다.

본받아 좇아갈 사람이 있다는 것은 가장 큰 축복입니다. 많은 경우에 한참을 앞서 나가는 위인보다는 나보다 한발 앞서 걸어가는 사람이 더 좋은 본이 됩니다. 저의 경우에는 그랬습니다. 신학대학교에서 만난 선배들이 저의 좋은 본이 되어 주었습니다. 자신의 어려운 처지를 기도와 열정으로 넘기는 선배들의 태도는 저의 훌륭한 스승이 되었습니다. 그들 중에는 아무도 저처럼 자신의 처지를 비관하며 사는 사람이 없었습니다.

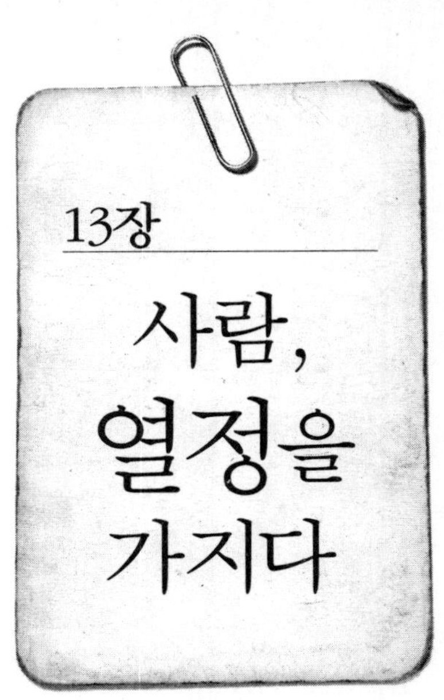

"나 때문에 '진짜 신학생' 한 사람이 떨어진 건 아닐까?"

수십 명의 신학생들 틈에서 가지고 있던 남모를 열등감은 나날이 깊어지고 있었다. 학교에 입학한 사람들이 신학대학교에 오게 된 저마다의 이유를 말하면, '나 때문에 입시에서 떨어진 사람이 가지고 있을 간증 거리는 어떻게 하나' 하는 염려가 피어올랐다. 그의 얼굴도 간증 내용도 알지 못했다. 하지만 신학생의 생활이 연장되면서 그에게 미안한 감정이 생겨났다. 아울러 나는 가짜 신학생이라는 생각이 가시지 않았다.

내게는 나를 필요로 한다는 하나님의 역사는커녕 암시조차 없었다. 기적적이고 극적인 인도는 더더욱 없었다. 오히려 정반대였다. 나는 하나님의 말씀을 거역하고 굳이 머리 들이면서 신학대학교에 들어왔다. 그리고 신학대학교에 입학해서도 계속되는 궁핍과 고통은 자꾸만 옛일을 생각나게 했다. 지금의 고통은 하나님이 원하시지 않는 길을 굳이 가겠다고 고집

부리는 것에 대한 하나님의 벌로 느껴졌다. 벌을 받을 때마다 하나님께서 예전에 하셨던 말씀이 또박또박 떠올랐다.

'나는 네가 필요 없으니, 너는 네 갈 길이나 가라.'

하나님께 환영받지 못한 자로 신학교에 들어왔다고 학교를 때려치울 수는 없었다. 마치 잉여인간. 잉여신학생인 느낌으로라도 신학대학교에 빌붙어 있어야 했다. 그래서 이왕 시작된 생활, 굳은 각오를 하게 되었다.

"하나님께 인정을 받고야 갈겠어. 하나님의 선택이 잘못되었다는 것을 증명하고야 말겠다."

각오를 다지고 나서 지난 1년의 삶을 되돌아보니 가관이었다. 이건 내가 공부를 하러 학교에 온 건지, 일을 하러 학교에 온 건지 모를 정도였다. 재수시절에 아파트 공사장에서 일했던 경험을 살려 새벽 인력시장에 나갔다. 하루 일당 5만 원이면 괜찮은 수입이었고, 매일 출근을 하지 않아도 되니 학교의 여러 행사에 참여하기도 좋았다. 이런 장점이 있으니 민우 형에게도 함께 가자고 말했다.

"놀며 가며 일한다고 노가다라 하는 거야! 같이 해?"

민우 형도 부러워했지만, 자신은 덩치가 작아서 써 주지도 않는다고 했고, 어쩌다 일을 맡아도 한 일주일은 드러누워야 한다고 했다.

"약값이 더 들어~."

하지만 막노동을 하면서는 도무지 공부를 할 수가 없었다. 하루 종일 시멘트를 나르거나 해머로 콘크리트 벽을 부수다가 등교를 한다. 수업 시작 시간이 저녁 6시이므로 일을 마치면 씻지도 못하고 학교로 가야 했다. 일당보다 약값이 더 드는 체력은 아니지만 일이 고된 것은 마찬가지였다. 그래서 수업 중에 엎드려 자다가 화들짝 놀라 잠에서 깨면 교수님이 바뀌어 있었다. 이렇게 교수님이 3번만 바뀌면 그날 수업은 끝이다. 이런 식이니 공부하기 위해 일을 하는지, 일을 하기 위해 공부를 하는 것인지 알 수가 없었다.

어느 날 지나가다가 한 문구를 읽었다.

"좋은 성직자가 되는 길은 좋은 신학생이 되는 것이다."

그렇다면 나는 좋은 성직자가 될 수 없을 것이다. 좋은 신학생이 아니기 때문이다. 그저 돈 버는 데 혈안이 되어 있는 프리랜서 노가다 꾼이다. 2학년이 되고 이런 생각은 더욱 진지한 고민이 되었다. 하나님께 인정받는 자로 학교를 다녀야 한다는 오랜 열등감도 고민에 힘을 실어 주었다. 좋은 목사가 되기 위해서 준비해야 할 것이 너무 많았지만 아무것도 진행되는 게 없었다.

친구들과 1호선 국철을 타고 지날 때였다. 인정받는 부교역자로 사역하기 위해서 필요한 것들에 대해서 호들갑을 떨며 이야기하고 있었다. 먼저는 운전을 잘해야 한다고 했다. 사실 교회에서 전도사는 사실'운도사라고 했다. 어떤 이는'전도기사라고 했다. 모두들 웃었지만 뒷맛이 개운하지 않았다. 그리고 인기 있는 전도사가 되려면 교회마다 한참 뜨고 있는 영상 편집 기술이 있어야 한다고 했다. 게다가 최소한 악기 하나는 다룰 줄 알아야 하고 찬양 인도를 잘해야 한다고 했다. 그래야 교회에서 대접받으며 사역할 수 있다고 했다. 불편한 마음으로 그런 이야기를 듣고 있었다. 그 와중에 문득 다음의 글귀가 떠올랐다.

"목수의 덕은 나무를 잘 패는 것이요, 선비의 덕은 풍월을 잘 읊는 것이다."

'그렇다면 목사의 덕은 뭘까?

아무리 생각해도 운전을 잘하거나 컴퓨터를 잘 다루는 것은 아니었다.

찬양 인도를 잘하는 것도 본질적인 덕은 아니라고 생각했다. 답은 가까이 있었다.

"목사의 덕은 하나님을 잘 알고, 잘 전하는 것이다."

그리고 이야기가 무성한 1호선 국철에서 목사의 덕을 쌓는 것에 집중하겠다고 결심했다. 그리고 돈사의 덕을 위해 중요한 결심이 이어졌다.

'모든 일에 무능해지겠다.'

하나님을 잘 아는 일에 몰입하기로 했다. 하나님이 어떻게 하셨고 어떻게 하시며, 어떻게 하실 것인지를 알고자 했다. 하나님이 어떤 분인지 더욱 잘 알고자 구체적인 방법들을 생각했다. 하나님의 말씀에 친숙해야 했다. 기도하는 시간을 더 풍족히 가져야 했다. 시간이 부족했다. 노력할 수 있는 시간을 확보하는 것이 시급했다.

가장 먼저 생존을 위한 아르바이트를 그만두었다. 지난 1년을 끌어온 고민의 용기 있는 종결이었다. 잠자는 시간도 줄이기로 했다. 하루에 2시간씩만 자기로 했다. 부족한 잠은 점심과 저녁을 먹은 후 30분씩을 더 자는 것으로 채우기로 했다. 대신 토요일과 주일은 푹 자면서 피로를 풀기로 했다.

시간을 확보하고 나니 그 시간에 할 일을 채우는 것에 대해 고민했다. 가장 먼저 기도를 생각했다. 당시 시간만 대충 때우고 일어나던 학교 운동장에서의 10시 기도를 새롭게 시작했다. 실제로 기도하는 것보다 멀리 보이는 안양시내의 야경을 보며 생각하는 시간이 더 많았기 때문이다. 학교에서 받던 수업도 새롭게 해야겠다고 마음먹었다. 우선 자리부터 제일 앞줄로 옮겼다. 그리고 교수님이 하시는 말씀은 농담이라도 다 받아 적겠다고 마음먹었다. 읽으라고 소개하는 책은 모두 읽겠다고 각오했다. 물론 성경 자체를 읽는 것도 잊지 않았다. 무엇보다 하나님의 깊은 것을 통달하시는 이는 성령뿐이라는 성경의 가르침을 알고 있었다(고전 2:10). 그래서 공부를 위해서 성령 하나님께 나를 묻고 하나님을 묻고 시대를 물어야겠다고 마음먹었다.

공부하고 기도하는 일뿐 아니라 교회사역에도 가장 잘하겠다는 마음으로 도전하였다. 군대를 갔다 온 직후 2학년 때였다. 아직 한참 어리지만 과감하게 도전하기로 했다. 민우 형의 소개로 안양에 있는 감리교회로 부임할 수 있었다. 그곳에서 가장 좋은 사역자가 되겠다고 마음먹었다. 작은 교회에서 교육기관 2-3개를 파트타임으로 맡는 것이지만 좋은 목사가 되는 길은 좋은 전도사가 되는 것이기에 마음먹고 도전하였다. 그리고 많든 적든 교회를 통해서 생계를 이어 가겠다고 생각했다. 어차피 교회에 거하기로 마음먹은 인생이니 그것이 옳다고 생각했다. 하나님의 종으로 살 사

람이 다른 일터에서 돈을 번다는 것은 자존심 상한 일로 받아들였다.

이렇게 목사의 덕을 잘 쌓으면 하나님께서 나도 부름 받은 하나님의 종으로 인정해 주실지도 모른다는 희미한 희망을 다시 가졌다. 이것은 가장 절박한 소망이었다. 가장 뛰어나다면 하나님도 어쩔 수 없을 것이라고 생각했다.

무식한 시간 배정으로 시작한 공부는 힘들었다. 그저 힘들었다는 표현으로는 모든 고통을 표현하기에는 많이 부족하다. 체력이 좋은 편이었지만 점차 몸에 이상이 오고 있다는 것을 감지하였다. 그러나 목사의 덕을 쌓고 하나님께 인정받겠다는 신념으로 악착같이 이겨 내고 있었다. 물론 대가도 있었다. 장학금을 받게 되었고, 3학년 때는 한국장학회의 수혜자가 되어 졸업 때까지 등록금 전액을 보장받기에 이르렀다. 교회사역도 '내게 이런 면이 있었구나.'라고 느껴가며 즐겁게 할 수 있었다. 내게나 교회에게나 서로에게 좋은 시간이 되고 있다고 여겨지니 더욱 신나게 사역할 수 있었다.

그러나 모든 시간을 이기게 한 것은 좋은 체력도 아니고 금전적인 보상도 사역의 성과도 아니었다. 모든 시간을 이기게 한 것은 밤 10시면 어김없이 드려졌던 나만의 예배, 학교 운동장에서 드렸던 기도의 힘이었다. 1학년 때 데모 소리인 줄 알고 갔던 운동장에서 받은 충격적인 광경 속에 내가 끼어 있다는 자부심이 있었다.

한 3년을 기도하다 보니 밤마다 모이는 사람들을 알 수 있었다. 물론 이름도 얼굴도 모른다. 내가 아는 것은 그들의 목소리와 기도제목뿐이다. 참 아름다운 목소리로 중국어 방언을 하던 여학생이 있었다. 중국선교를 준비하는 학생이었다. 그의 꿈에 하나님이 함께하시길 멀리서 함께 기도

했다. 학기초면 어김없이 등록금을 달라고 떼를 쓰던 남학생도 있었다. 그가 어느 날 하나님께 감사기도를 드리면 나도 함께 감사하며 눈물을 닦아 냈다. 아버지의 완쾌를 기도하던 이도 있었다. 아버지의 장례식을 마치고 난 후 상실감을 이겨 내는 그를 위해서도 기도했다. 예수님 때문에 모든 것이 괜찮아질 것을 기도했다. 누군가가 아름다운 찬양을 고백하면 스스럼없이 여기저기서 따라 불렀다. 나도 함께 불렀다. 모두들 얼굴도 모르고 이름도 모르는 사이지만 함께 하나님을 예배하였다. 성결대학교 운동장의 밤은 정말 아름다웠다. 그 아름다움에 취해 나 역시 이길 수 있는 힘을 공급받았다. 목사의 덕을 쌓는 데에 생명을 걸겠다는 나의 고된 열정을 이어 갈 수 있는 은혜를 받았다. 아름다운 밤에 나누어 가지던 은혜는 도서관에서 그리고 교회에서 여러 선한 열매를 맺게 하였다.

하나님을 알기 위해서 스스로 무능해지겠다는 결심은 바른 선택이었습니다. 우리의 아버지이자 주인이신 하나님이 어떤 분인지를 더욱 깊이 깨달아 가는 것은 무엇보다 중요한 일이기 때문입니다. 이러한 마음가짐은 이제 가장 좋아하는 말씀이 된 예레미야 9장 23-24절을 통해서 분명히 알 수 있었습니다.

"여호와께서 이와 같이 말씀하시되 지혜로운 자는 그의 지혜를 자랑하지 말라 용사는 그의 용맹을 자랑하지 말라 부자는 그의 부함을 자랑하지 말라 자랑하는 자는 이것으로 자랑할지니 곧 명철하여 나를 아는 것과 나 여호와는 사랑과 정의와 공의를 땅에 행하는 자인 줄 깨닫는 것이라 나는 이 일을 기뻐하노라 여호와의 말씀이니라."

이 말씀은 관심사의 문제를 이야기하고 있습니다. 무엇을 자랑스러워하며 사는지, 혹은 무엇을 부끄러워하며 사는지를 점검해 줍니다. 제가 무엇을 바라보며 살아야 하는지를 깨닫게 하였습니다.

저에게는 감추어진 욕망이 있답니다. 버리려고 애를 쓰지만 어느 순간 가슴 한쪽에서 되살아나는 욕망입니다. 그것은 제가 사역할 교회의 크기, 한 사람의 목회자로서 가지고 싶은 명성, 모두들 부러워할 만한 가정이나 잘 자란 자식들, 건강으로 다져진 몸 이런 것들입니다. 이러한 것이 저의 중심을 흐리게 할 때에 예레미야의 말씀은 어김없이 살아나 저를 꾸짖을 것입니다. 지금까지 그래왔듯이 말입니다. 이제 제가 평생 동안 붙잡고 기도할 말씀이 되었습니다.

큰 교회를 일구어 목회를 하는 것, 설교를 잘하거나 아주 모범된 사역을 하여서 유명해지는 것이 무엇이 문제이겠습니까? 저의 결혼으로 인해서 일구어진 가정을 복되고 아름답게 가꾸려고 하는 것은 당연한 일입니다. 죄가 되는 일이 아닙니다. 교회가 성장하여 많은 사람이 모이거나, 감동적인 설교를 고하는 설교자를 꿈꾸는 겄도 마찬가지입니다. 하지만 저의 관심사의 문제 안에서 생각하면 이러한 것들은 죄는 아니라 할지라도 유익하지 못한 일들이 되고 맙니다. 그런데 사도 바울은 그것을 손해로 여긴다고 했습니다.

"그러나 무엇이든지 내게 유익하던 것을 내가 그리스도를 위하여 다 해로 여길뿐더러 또한 모든 것을 해로 여김은 내 주 그리스도 예수를 아는 지식이 가장 고상하기 때문이라…."(빌 3:7-8)

바울은 그리스도를 아는 지식이 고상하기 때문에 다른 것들은 손해라고 말합니다. 제 수준이 안 되어서 아직 이 말씀은 그저 알고 있는 말씀이지 제가 완전히 소화시켜 이뤄 낸 말씀은 아닙니다. 아직 저에게는 성공, 명성, 돈 기타 나에게 유리한 것들이 상대적으로 덜 유익한 것이지 손해를 끼치는 원인으로 느껴지지는 않습니다. 하지만 제가 걸어가야 할 남은 여정이 보입니다. 우선 저의 본질이 잠깐의 안개와 같다는 것을 압니다.

"내일 일을 너희가 알지 못하는도다. 너희 생명이 무엇이냐 너희는 잠깐 보이다가 없어지는 안개니라 너희가 도리어 말하기를 주의 뜻이면 우리가 살기도 하고 이것이나 저것을 하리라 할 것이거늘 이제도 너희가 허탄한 자랑을 하니 그러한 자랑은 다 악한 것이라."(약 4:14-16)

그리고 이 사실을 모른 채 살고 있는 사람에 대한 지혜자의 꾸짖음도 알고 있습니다. 많은 사람들은 지금의 살고 있는 삶이 계속될 것으로 여깁니다. 지혜자는 이런 사람을 미쳤다고 합니다.

"모든 사람의 결국은 일반이라 이것은 해 아래에서 행해지는 모든 일 중의 악한 것이니 곧 인생의 마음에는 악이 가득하여 그들의 평생에 미친 마음을 품고 있다가 후에는 죽은 자들에게로 돌아가는 것이라."(전 9:3)

안개와 같이 사라져 버리는 죽음의 문제는 누구에게나 당면한 사실입니다. 모든 사람에게 주어진 시간은 그리 길지 않습니다. 어느 보신탕집에서 본 문구처럼, 강건하여 80년을 살아도 29,200일밖에 안 되는 시간뿐입니다. 그런데 대부분의 건강한 사람들은 이 사실에 대해서는 눈을 막고, 귀를 막고, 마음을 막습니다. 꼭 위기에 처한 낙타가 모래구덩이에 머리를 처박는 것으로 위기를 모면하려고 하는 것처럼 말입니다. 그리고는 자기 하고 싶은 대로 마구잡이로 살아갑니다. 마치 자신의 시간이 계속될 것처럼 말입니다. 저를 포함한 모든 인간은 안개와 같이 허망하게 사라질 것입니다.

그런데 이것이 끝이 아닙니다. 하나님은 안개 같은 우리에게 죽어도 사라지지 않는 것에 대한 관심을 일으키셨습니다. 허망한 우리가 영원을 생각하게 하신 것입니다.

"하나님이 모든 것을 지으시되 때를 따라 아름답게 하셨고 또 사람들에게는 영원을 사모하는 마음을 주셨느니라. 그러나 하나님이 하시는 일

의 시종을 사람으로 측량할 수 없게 하셨도다."(전 3:11)

안개 같은 제가 어떻게 영원을 사모할 자격을 갖추게 되었을까요? 이에 대해서 예수님이 직접 말씀하셨습니다. 제가 교회 유치부를 다닐 때부터 귀가 따갑도록 듣던 말씀입니다.

"하나님이 세상을 이처럼 사랑하사 독생자를 주셨으니 이는 저를 믿는 자마다 멸망하지 않고 영생을 얻게 하려 하심이라."(요 3:16)

안개같이 사라질 사람에게 영생이 있다는 것입니다. 물론 모든 사람이 다 가지고 있는 것은 아닙니다. "저를 믿는 자마다" 얻게 될 것이라고 말씀하셨습니다. 이어지는 말씀에 더욱 분명히 나와 있습니다.

"아들을 믿는 자는 영생이 있고 아들에게 순종하지 아니하는 자는 영생을 보지 못하고 도리어 하나님의 진노가 그 위에 머물러 있느니라."(요 3:36)

하나님이 저를 그렇게 박대(薄待)하셔서도 제가 하나님께 매달리고 신학대학교에 들어가려고 목을 맸던 것도 다 영원히 존재할 수 있는 가치를 원했기 때문이었습니다. 저의 인생이 안개같이 사라질 때에 다 사라져 버릴 것을 쫓으며 살긴 싫었습니다. 영생을 가진 자로 영원과 맞물릴 수 있는 일에 제 인생을 드리고 싶었습니다.

이미 저는 중학교 2학년 때에 내 속에 영생이 있다는 것을 알게 되었습니다. 어쩌면 그때 저의 인생은 결정되었는지도 모릅니다. 영원한 생명을 사는 사람으로서 이미 나는 하나님의 소유가 되었기 때문입니다. 그리고 놀랍게도 안개 같은 제가 영원하신 하나님의 소유로 있을 때에 눈앞에서 사라진다고 제가 소멸(消滅)되는 것이 아니라는 것을 깨달았습니다.

"나는 아브라함의 하나님이요 이삭의 하나님이요 야곱의 하나님이로라 하신 것을 읽어 보지 못하였느냐 하나님은 죽은 자의 하나님이 아니요 살아 있는 자의 하나님이시니라."(마 22:32)

저는 이제 영원한 하나님과 함께 사는 사람입니다. 그러니 영원을 생각하고 영원한 것을 사모하며 사는 것은 자연스러운 일이 되었습니다. 저의 눈에 아브라함이나 이삭이나 야곱도 안개같이 사라져 보이지 않습니다. 하지만 그들은 여전히 하나님의 소유로 이름이 거론됩니다. 그리고 하나님은 산 자의 하나님이라고 말씀하셨습니다. 아브라함이나 이삭이나 야곱은 소멸되어 사라지지 않았습니다. 그저 나의 눈에서 벗어나 다른 곳으로 옮겨졌을 뿐입니다. 그들은 영원한 하나님 안에서 영원히 존재합니다. 그들이 살아생전에 움켜쥐고자 했던 모든 것은 지나갔지만 하나님과 연결된 그들 자신은 지나가지 않고 영원과 함께 머물고 있습니다.

상황이 이렇게 돌아간다면, 제가 주목하는 관심사의 성격이 매우 중요한 문제가 됩니다. 덧없이 지나갈 것에 목매며 사는 것이 얼마나 어리석고 미친 마음인지 알았기 때문입니다. 이러한 고민에 종지부를 찍는 것은 역시 가장 위대한 신학자 사도 바울이었습니다. 그가 다음과 같이 말합니다.

"우리가 주목하는 것은 보이는 것이 아니요 보이지 않는 것이니 보이는 것은 잠깐이요 보이지 않는 것은 영원함이라."(고후 4:18)

신학교 2학년 때에, 무능한 자가 되기로 했던 저의 다짐은 퍽이나 다행 스런 선택입니다. 조금 비약해서 설명하면, 잠깐 눈에 보이는 것에 대해서 는 무능하고, 영원할 것에 대해서는 유능한 자가 되기로 한 결정이기 때문 입니다. 저의 기질에도 맞는 일입니다. 저는 가진 능력이 탁월하지 못해서 하나의 일에 몰입하지 않고 이것저것 손을 대면 아무것도 이룰 수 없는 사 람입니다. 빈말이 아닙니다. 하나님은 제게 신변잡기(身邊雜技)에 능하지 못 한 몸을 주셨습니다. 어릴 적에는 다른 애들보다 전자오락 게임을 못하거 나, 운동을 못하는 것이 억울했습니다. 커서는 공부를 잘하지 못하거나 사 람들을 휘어잡을 무엇이 내게 없다는 사실이 아쉬웠습니다. 그러나 지금 은 오히려 다행이라 생각합니다. 이겨 내야 할 유혹이 적기 때문입니다.

사실 여러 가지를 잘하지 못하는 주변머리 때문에 여러분들에게 불편 을 끼치며 살았습니다. 어머니는 갑갑한 저를 보시며 "넌, 가만히 있는 게 돕는 거다."라고 종종 혀를 차실 정도였습니다. 잘하는 게 없으니 나서지 못하고 나서지 않으니 크게 사고 칠 일도 없었습니다. 그래서 대체적으로 인간관계가 원만하다는 평을 덤으로 받았습니다. 반면에 주변에 계시는 분들에게 도움이 되지는 못했습니다. 그런 제 자신이 딱하기도 했지만 기 다려 주시고 품어 주신 분들 덕에 저의 무능은 큰 허물로 낙인찍히지 않았 던 것 같습니다.

특히 전도사 시절의 저를 부교역자로 품어 주셨던 담임 목사님들께 송 구한 마음이 있습니다. 담임 목사님께서 운전하시는 차량의 조수석에 앉아 졸면서도 마음은 편하지 않았다고 고백합니다. 그분들에게 저는 참 무능한 부교역자였습니다. 지금도 별반 다르지 않습니다. 하지만 그분들은 저를 참아 주셨고, 제가 목사의 덕을 쌓아 가는 데 크게 배려해 주셨습니다. 저 역시 당신들의 관용을 기억하고 후배들을 대할 것입니다. 그들도 본질(本質) 속에 살게 하겠습니다.

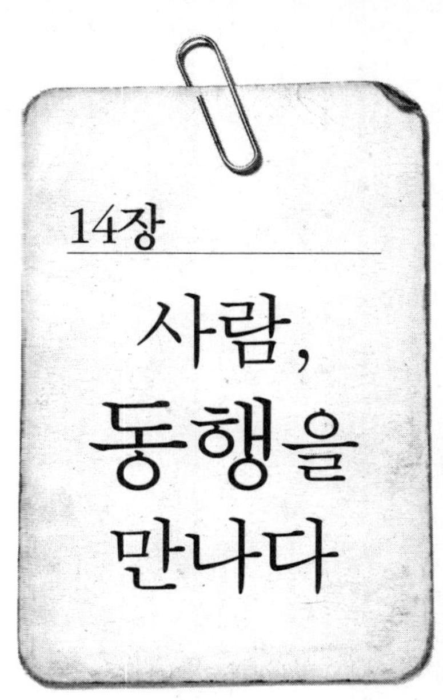

"조용! 박암이다! 박암!"

덩치가 웬만한 어른 같은 박암이 교회에 들어서면 시끌벅적하던 주일 학교 아이들은 숨을 죽이고 가만히 섰다. 그리고 슬금슬금 구석으로 숨는다. 박암에게 걸리면 큰 봉변을 당하기 때문이다. 박암은 초등학교 4학년이다. 나이로는 6학년이 되어야 했지만 특별한 사정이 있었다.

박암에게는 아주 몹쓸 병이 있었다. 자라면서 몸의 감각이 서서히 죽는 병이다. 가장 먼저 시력이 약해진다. 그리고 청각, 촉각이 서서히 기능을 잃어 간다. 유일하게 미각만이 제 기능을 발휘한다. 두꺼운 돋보기안경을 쓰고 보청기를 썼다. 교회에 와서 친구들을 만나거나 선생님을 만나면 꼭 껴안았다. 상대를 느끼기 위해서는 있는 힘껏 껴안아야 한다. 박암보다 덩치가 작은 아이들에게는 곤욕스러운 일이다. 입가에 침이 흐르거나 콧물이 흘러도 잘 모르고 다닌다. 잘 씻고 다니지만 꼬롬하고 역한 냄새도 난다. 그러니 박암에게 안기는 것은 주일학교 아이들은 물론 교사들에게도 부담이 되기는 마찬가지였다. 손수건을 부랴부랴 가슴에 깔아야 할 정도였다. 외부와 소통하고자 다른 사람을 껴안고는 큰 소리로 말한다.

"선생님 좋아요! 친구들 좋아요! 예수님 좋아요!"

외부와 단절된 채 사니 그의 지능도 또래에 비해 한참 떨어졌다. 박암이 외부와 연결되는 가장 확실한 방법은 먹는 것이다. 미각은 죽지 않으니 말이다. 그래서 언제나 마구마구 먹었다. 먹을 때에만 자기가 살아 있다는 사실을 느끼는 듯 했다.

그의 누나도 동일한 불치병을 앓았다. 증상은 초등학교 2학년이 될 무렵부터 시작되었다. 그리고 얼마 전에 장례를 치렀다. 중학생이 되고 얼마 지나지 않아 여러 합병증이 겹쳐진 결과였다. 먹는 것이 유일한 즐거움인 박암의 누나도 닥치는 대로 먹었다. 당뇨병이 왔고, 고혈압 등 각종 성인병이 왔다. 결국 식물인간처럼 누워 있다가 생을 마감했다. 모두들 알고 있었다. 박암도 얼마 살지 못할 것이다.

주일학교 담당 전도사로 있는 내가 박암에게 다행인 것은 나의 악력이 아주 세다는 것이다. 나는 박암이 충분히 느낄 수 있도록 손을 잡아 줄 수 있었고 숨이 막힐 정도로 안아 줄 수 있었다. 박암이 교회에 와서 나를 찾는 이유는 자신을 선명하게 느낄 수 있기 때문이다. 아마 그럴 것이다.

그래서 주일 아침이 되면 내가 나서서 박암을 맞아야 했다. 박암을 맡아 주는 일도 주일학교 교사들에게는 큰 도움이 되었다. 주일 아침이면 꼭 수건을 가슴에 깔고 박암을 안아 주었다.

그나마 큰 소리로 말하면 박암이 알아들을 수 있던 어느 날이었다. 무슨 일이 있었는지 박암의 어머니께서 교회에 오시지 않았다. 앞이 잘 보이지도 않고 들리지도 않는 아이를 그냥 혼자서 보낼 수는 없었다. 전에 알아 두었던 대로 더듬더듬 박암의 집으로 갔다. 집은 비어 있었고, 아무도 연락이 닿지 않았다. 박암의 집에서 라면을 끓여 먹었다. 입천장이 델 것이 뻔한데, 박암은 뜨거운 면발을 입속 가득 밀어 넣었다. 마치 씹지도 않고 꿀꺽꿀꺽 들이키는 것 같았다. 뜨거운 국물에 밥을 한 술 말아서 라면 국물까지 다 마셨다. 그러고도 더 달라고 떼를 썼다.

박암을 데리고 옥상으로 올라갔다. 땅거미가 저가는 방배동 거리는 의외로 아름다웠다. 박암도 덤덤히 거리를 바라보았다. 본다기보다는 얼굴을 향하고 있다는 표현이 맞을 것이다.

"암아! 넌 이 세상에서 누가 제일 좋냐?"

"전도사님 좋아요! 예수님 좋아요!"

박암의 고함 소리는 골목길에 쩌렁쩌렁 울렸다.

"나도 예수님이 참 좋다. 예수님은 우리 암이를 무지하게 사랑하셔~ 알고 있어?"

"알아요! 예수님! 십자가 쾅! 쾅! 쾅!"

"그래, 예수님이 우리 암이를 얼마나 사랑하시는데~ 암이를 위해서 십자가에서 죽으셨지 암이를 살리려고 말이야….."

새삼 그것이 사실이라는 생각이 들었다. 울컥하고 울음이 북받쳐 올랐다. 서서히 꺼져가는 박암이 이 사실을 꼭 알아야 한다는 생각을 했다.

"알아요! 예수님! 십자가 그 사랑!"

박암의 장례식장에서 우리 암이의 신앙고백을 생각했다. 나의 하나님, 박암의 하나님은 방배동 골목길을 쩌렁쩌렁 울리게 했던 박암의 고함 소리를 기도로 받으셨을 것이다. 이 세상에서 가장 아름다운 신앙의 고백으로 받으셨을 것이다. 주변에 흘러 사는 많은 사람들을 생각했다. 어쩌면 박암은 그들보다 나은 사람이다. 그의 육체는 둔했지만 그의 영혼은 하나님 앞에서 단순했고 민감했다. 하지만 육체는 모난 것 없이 건강할지라도 영적인 박암이 되어 살고 있는 사람들이 있다. 그들이 자기에게 닥친 비극을 알기나 할까 생각했다. 하나님을 도무지 보지도, 듣지도, 느끼지도 못하고 단절된 채 살아가는 사람들을 생각했다. 영적인 박암으로 살다 가는 이들보다 박암이 오히려 행복한 인생을 살았다고 이렇게 스스로를 위로했다.

장례식 저편에 누구보다도 슬픈 얼굴로 계시는 권사님이 보였다. 연세는 60세를 넘긴 지 오래이다. 하지만 주일학교 교사로 섬기셨고 고령임에도 성가대에서 고운 노래를 더하셨던 분이다. 때때로 "이제는 숨이 가빠서 따라 하기도 힘들다."고 하셨지만 연습에 늦거나 빠지는 일이 없었다.

권사님은 굉장한 미인이셨을 얼굴에 옛날 즐겨 봤던 만화영화 '빨간 머리 앤'에서 초원을 뛰놀던 아이들이 입었을 법한 플라야 원피스를 즐겨 입으셨다. 화려한 금테 안경을 끼시고 말이다. 단아한 몸짓과 교양 있는 목소리까지 가지고 계셨다. 나도 나중에 저렇게 늙었으면 좋겠다는 생각을 갖게 하시는 분이다.

주일이 제일 바쁘고 힘들다고 투덜대는 청년들도 주일이면 청년같이 움직이셔서 주일학교 교사에다 성가대원까지 해내시는 권사님 앞에서는 아무런 소리를 못했다. "힘들지 않으세요?"라고 물으면 늘 이렇게 대답하셨다.

"주신 은혜대로 사는 거죠. 몸 건강할 때에 맘껏 봉사하려고요."

　　권사님이 가장 좋아하시는 찬송가는 434장 "나의 갈 길 다가도록"으로 새벽기도회에 오실 때나, 안내위원으로 교회 현관에 계실 때나, 교인들의 점심 식사로 봉사하실 때면 어김없이 그 찬양을 흥얼거리셨다.

　　찬송가의 가사처럼, 무슨 일을 만나도 만사형통하게 사시고, 교회에 어떤 문제가 터져도 그분 앞에 가면 없는 듯이 사라졌다. 주일학교 아이들은 할머니 권사님이라 불렀고, 그를 매우 잘 따랐다. 정말 시골집 친할머니처럼 아이들의 잘잘못을 다 안아 주셨다. 박암도 그랬다. 힘이 없어 힘껏 안아 주시지는 못하는 걸 안타까워하시며 박암의 등짝을 있는 힘껏 두드려 주셨다. 그리고는 "너보다 내가 먼저 죽겠다."라고 말씀하곤 하셨다. 박암이 듣던 말던 그렇게 혼자 약속하셨다.

　　그렇게 아름답고 아름다운 분이 뇌졸중으로 쓰러지셨다. 그리고 몸 한편에 마비가 왔다. 불편한 몸을 이끌고 박암의 장례식장에 오셨다. 아마 자신의 약속을 지키지 못한 야속함 때문에 와 계시는 듯 했다.

　　권사님은 뇌졸중으로 자신의 몰골이 험악하게 된 것보다 더 이상 교회에서 자신이 할 수 있는 일이 없다는 사실에 더욱 슬퍼하셨다. 발음도 어눌해져 아이들을 가르치거나, 성가대에 설 수 없었다. 오른쪽 다리와 팔도 쳐져서 주방봉사도 할 수 없었고, 오시는 분들에게 폐만 된다 하시며 안내위원도 그만두셨다.

　　교회에 충성하고 열심히 봉사하던 분이 잘되어야지 오히려 잘못된 일을 겪으면 교회에 부담이 생긴다. 사실 당시 교회에 권사님에 대한 걱정과 더불어 그런 부담감을 말하는 사람이 있었다. 실로 천박한 축복관이 가져온 쓸데없는 부담이었다. 이런 느낌을 감지했던지 권사님은 자신이 목사님의 목회에 부담을 주고 있다고 부끄러워하셨다. 하지만 하나님과 그의 교회를 위해서 권사님은 멈추지 않았다. 하나님과 교회를 위해서 스스로 정한 일, 새로운 비전을 가지셨다.

"이제 내 아버지의 집 첫 불은 제가 켜겠습니다."

이후 권사님의 이야기를 전해 들었다. 권사님은 매일 새벽 가장 일찍 일어나 교회를 향하셨다. 제일 먼저 교회에 도착하셔서 교회의 첫 불을 밝히셨다. 새벽기도를 운행하는 차량에 타시면 첫 불을 켤 수 없어 걸어오셨다. 젊은 내가 부지런히 걸어도 20분은 걸리는 거리였다. 아마 몸이 불편하신 권사님의 걸음으로는 적게 잡아도 한 시간은 걸릴 것이다. 비가 오나, 눈이 오나 예배당의 스위치를 가장 먼저 올리셨다.

어느 날 특별새벽기도 때문에 교회에서 잤다. 차량운행을 하시는 전도사님과 동행하여 운행을 따라 나서려는데, 저 멀리서 그림자가 보였다. 한쪽 어깨가 축 처친 권사님이었다. 아직 멀리 계셨고 어두웠지만 한눈에 알아볼 수 있었다. 한쪽 다리마저 질질 끌고 교회로 오고 계셨다. 죄송하다는 인사와 함께 전도사님을 혼자 보내고 교회당 앞에 서서 기다렸다. 저 멀리서 노랫소리가 들려왔다. 흥얼거리는 소리였다. 가사도 음도 정확하지 않았지만 "나의 갈길 다가도록"이라는 것을 알 수 있었다. 권사님은 건강할 때나 건강하지 못할 때나, 아름다울 때나 아름답지 못할 때나 그 찬송으로 모든 것을 감당하고 있었다. 권사님은 찬양을 하시며 천천히 교회에 다가오셨다. 그래서 가사 한 절 한 절을 깊게 묵상할 수 있었다.

나의 갈 길 다가도록 예수 인도하시니

내 주 안에 있는 긍휼 어찌 의심하리요

믿음으로 사는 자는 하늘 위로 받겠네

무슨 일을 만나든지 만사형통하리라

나의 갈 길 다가도록 예수 인도하시니
어려운 일 당한 때도 족한 은혜 주시네
나는 심히 고단하고 영혼 매우 갈하나
나의 앞의 반석에서 샘물 나게 하시네
나의 앞의 반석에서 샘물 나게 하시네

나의 갈 길 다가도록 예수 인도하시니
그의 사랑 어찌 큰지 말로 할 수 없도다
성령 감화 받은 영혼 하늘나라 갈 때에
영영 부를 나의 찬송 예수 인도하셨네
영영 부를 나의 찬송 예수 인도하셨네

권사님은 자신의 인생을 노래하고 있었고, 자신을 인도하시는 예수 그리스도로 인하여 모든 비극을 이겨 내고 있었다. 권사님은 이미 칼빈이 말한 "모든 것의 모든 것 되시는 그리스도"와 동행하고 있었다. 권사님은 이른 새벽에 교회를 자신의 갈 길로 오고 계셨지만 자신이 진정으로 향하고 있는 곳은 하나님의 나라인 것을 알 수 있었다. 권사님에 대한 슬픈 마음이 사라졌다. 오히려 부러웠다. 나는 언제 그런 고백을 할 수 있을까? 어쩌면 영원히 오지 않을지도 모르겠다고 생각했다. 권사님의 노래를 묵상하면서 나에게 그런 비극이 오게 해서는 안 되겠다고 다짐했다.

권사님이 큰사람이라고 느꼈다. 그녀가 할 수 있는 일은 고작 예배당에 와서 불을 켜는 것뿐이다. 그러나 하나님은 그가 가진 사명을 가장 귀하고 기쁜 일로 받고 계셨다. 나는 앞으로 많은 일들을 할 것이다. 그 일의 대부분은 하나님과 교회에 직접 관련된 일들일 것이다. 그러나 알 수 있었다. 내가 앞으로 어떤 큰일을 훌륭하게 해낸다고 하더라도 하나님 앞에서 권사님보다 큰사람은 아닐 것이다. 어렵지 않게 느낄 수 있었다. 하나님의 나라에서 권사님은 나보다 큰 사람이다.

박암의 장례식에서 권사님은 이 세상에서 가장 슬픈 얼굴을 하고 계셨다. 하지만 그가 마음속으로 노래를 부르시는지, 박암과 자신을 위해서 무엇을 기도하시는지 알 수 있었다.

박암의 장례식에서 뛰어노는 아이들도 있었다. 그 녀석들 중에 눈에 유독 거슬리는 녀석은 단연 엄마를 따라온 일곱 살배기 '희락'이다. 말썽쟁이 희락이를 보면 하나님의 사랑이 나에게 어떤 모양인지 떠오른다.

희락이는 덩치도 저돌적인 아이이다. 얼핏 보면 가로와 세로의 비율이 거의 비슷한 땅땅한 체구로 얼굴도 넙데데하다. 교회 청년들이 지나다가 희락이와 마주치면, 생김새가 꼭 아저씨 같다며 인사라도 해야 될 것 같다며 우스갯소리를 늘여 놓는다. 희락이는 힘도 세서 유치부 아이들을 만나면 딴에는 반갑다고 등을 두드리고 밀친다. 그러면 또래 아이들은 얻어맞은 양 휘청거리거나 발라당 나자빠진다. 아이들의 울음이 터지고 희락이는 멋쩍어 우물거리다가 사무실로 끌려온다.

"잘못했어요! 다시 안 그럴게요."

그 얼굴에 싹싹 빌면서 하는 말은 귀엽다기보다는 징그럽다. 희락이는 교회 여기저기를 다니다가 문이 잠겨 있으면 일단 5보를 후퇴한다. 그리고는 문으로 달려들어 점프를 한다. 어깨로 밀어붙인 교회의 나무문짝들은 이제 잠글 수 없는 헐렁한 문이 되어 팔랑거린다. 교회 사무실의 나무문짝들을 망가뜨린 범인 역시 희락이였다.

어느 날 교회 사무실에 들어섰다.

"잘못했어요! 다시 안 그럴게요."

희락이가 유치부 부장 선생님 앞에서 빌고 있었다. 익숙한 풍경이다. 맞은편에서 유치부 선생님들에 둘러싸여 울고 있는 여자아이는 교회 최고의 미녀 시은이였다. 예쁘게 입은 하얀 드레스에 핏방울이 묻어 있었다. 코피가 난 것이다. 선생님들은 서럽게 우는 시은이의 얼굴을 닦아 주고 휴지를 돌돌 말아 코에 꽂아 주었다. 희락이도 미안했는지 혼이 나면서도 힐금힐금 시은이를 쳐다보았다.

11시 낮예배를 마치고 사무실로 돌아왔다. 조용한 사무실 구석에 희락이가 벽을 보고 서 있었다. 엉거주춤 서 있는 폼이 벌을 받는 것 같지는 않았다.

“희락아, 뭐하니?”

‘허억’,‘허억’,‘허억’

“다신 안 그럴게요, 잘못했어요.”

말까지 더듬으며 희락이는 부들부들 떨고 있었다. 처음 본 모습이었다. 희락이에게 다가가 돌려세워 자초지종을 물었다.

“무슨 일이야? 또 사고 쳤어?”

희락이 얼굴을 보니 놀라지 않을 수 없었다. 겁에 질려 울고 있는 희락이의 양 콧구멍에 무엇인가 꽉 들어차 있었다. 식빵이었다. 얼마나 많이 쑤셔 넣었는지 코가 땡땡 부어서 터질 것 같았다. 아마 아침에 사람들이 시은이의 코피를 멎게 하려고 휴지를 넣어 주고 머리를 쓰다듬어 주며 걱정해 주던 것이 부러워서 비슷한 것을 쑤셔 넣었던 모양이다.

“잘못했어요! 다시 안 그럴게요.”

겁에 질려 제대로 울지도 못하는 터질 듯한 코를 들여다보았다. 희락이는 손도 못 대게 했다. 여러 사람들이 모여들었다. 모두 소리만 와자지껄 했지 뾰족한 묘수를 내놓는 사람이 없었다.

“아! 아! 아파요!”

털 뽑는 족집게를 가져오고, 코를 이리저리 눌러보고 돌려봐도 희락이의 비명 소리만 커질 뿐 식빵이 빠지지 않았다. 119에 신고를 해야 하나 망설였다. “세상에 이런 일이”라는 TV 프로에서 자동차 핸들에 머리가 끼어 죽을 뻔했다는 사람의 이야기가 생각났다. 까닥하다가는 전파를 탈지 모른다는 엉뚱한 생각이 들었다. 모두들 발만 동동 구르고 있을 때, 소식을 들은 희락이의 아버지 윤 집사님이 부랴부랴 도착하셨다.

윤 집사님은 주저하지 않고 희락이의 얼굴을 덥석 끌어안았다. 한 손으로는 희락이의 입을 막고 자신의 입으로 희락이의 코를 덮고 힘껏 빨았다. 잘되지 않자 자세를 고쳐 잡고 다시 쭉 빨아 당겼다.

'뿅!'

작은 효과음과 동시에 식빵이 빠졌다. 단단히 굳은 핏기어린 식빵이 빠져나왔다. 모두들 환호성을 질렀다. 집사님은 도토리 모양의 굳은 식빵 두 알을 입에서 뱉어 냈다. 희락이는 그제야 제대로 울기 시작했다. 순식간에 일어난 일이었다.

"잘못했어요! 다시 안 그럴게요."

모든 상황이 깔끔하게 정리되었다. 윤 집사님은 아무도 생각해 내지 못한 방법으로, 설령 생각해 내었다고 하더라도 실천하지는 못할 방법으로 희락이를 구했다. 아버지만의 독특한 창의력과 무모함이 이뤄 낸 일이었다. 이 일을 옆에서 빤히 지켜보면서 아버지는 역시 다르다는 생각을 했다. 나의 아버지, 하나님 아버지도 나를 위해 독특한 창의력과 무모함으로 일하실 거라는 막연한 깨달음을 느꼈다.

박암의 장례식에서 그때의 일이 떠오른 것은 의미 있는 일이 되었다. 공의롭고 전능하신 하나님이 다스리시는 이 세상이 왜 이렇게 공평하지 못한지에 대한 한스러움을 달래 주었기 때문이다. 우리 아버지는 우리의 생각과는 전혀 다른 엉뚱한 창의력으로 모든 문제를 해결해 버리셨다는 생각을 가지게 했다. 그는 나의 아버지이시고, 권사님의 아버지이시며 우리 암이의 아버지이시다. 나는 하나님이 일을 어떻게 정리하셨는지 아직 모르겠다. 하지만 우리의 하나님을 신뢰하기로 하였다.

발인예배까지 마치고 나오는 길에 기도하였다.

"예수님 때문에 이 모든 것도 괜찮아지기를 기도합니다. 나도 권사님도 박암도….."

오래간만에 외롭지 않다는 생각을 했다. 하나님을 향해서 뚜벅뚜벅 걸어가는 동행이 있으니 외롭지 않았다. 이들은 언제나 나의 주변에 있었지만 그날따라 유달리 그들이 있다는 것에 감사했다.

예수님은 이 땅의 그리스도인들을 고아와 같이 내버려 두지 않겠다고 약속하셨습니다(요 14:18). 그리고 다시 오시겠다고 말씀하셨습니다. 이는 그리스도인들에게 주어질 성령을 말하는 것이기도 하고, 이 세상의 마지막 날에 다시 오실 것에 대한 말씀이기도 합니다. 그리고 하나님의 은혜를 주어 도울 것이라는 격려입니다. 많은 경우에 하나님의 격려는 신앙의 길을 동행하는 사람들로부터 주어집니다.

박암과 권사님은 신앙의 길에서 만난 동행인이었습니다. 박암은 불치병을 가진 아이입니다. 모두들 불쌍하게 보고 혀를 차는 아이였습니다. 권사님은 노년에 풍을 맞아 어려운 노년을 보내야 하는 할머니일 뿐이었습니다. 그러나 이들은 제가 신앙의 경주를 마음먹었을 때, 그 길은 어떻게 걸어야 하는지를 보여 준 동행이 되었습니다.

동행하는 사람들의 면면을 보면 하나님이 우리에게 어떻게 일하고 있는지 의아할 때가 많습니다. 이해가 되지 않는 일도 많습니다. 하나님의 능력을 의심하거나 하나님의 성품을 의심할 만한 경우도 생깁니다. 이 세상을 살다 보면 이렇게 시험에 들고 실족할 만한 어려운 일들이 종종 일어납니다. 예수님도 이 사실을 알고 계셨습니다. 그래서 다음과 같이 말씀하신 적이 있습니다.

"실족하게 하는 일이 없을 수는 없으나 그렇게 하게 하는 자에게는 화로다."(눅 17:1)

예수님은 이 세상에 어렵고 힘든 일들이 많다는 것을 아셨기에 살면서 실족하게 하는 일이 없을 수는 없다고 하셨습니다. 예수님의 처방은 일단 아주 힘없고 소극적으로 보입니다. 실족할 만한 일을 당하는 사람을 위해서는 별말씀이 없고 단지 실족하게 하는 사람들에게 화를 선포하는 정도입니다. 다만 이어지는 말씀에서 다음과 같이 말씀하십니다.

"너희는 스스로 조심하라. 만일 네 형제가 죄를 범하거든 경고하고 회개하거든 용서하라. 만일 하루에 일곱 번이라도 네게 죄를 짓고 일곱 번 네게 돌아와 내가 회개하노라 하거든 용서하라."(눅 17:3-4)

그저 용서하라고만 하십니다. 다른 곳의 말씀들을 참조하면 하나님이 우리를 용서한 것같이 다른 사람을 용서하라고 하십니다. 이것이 하나님의 처방입니다. 만약에 가해자가 명확하지 않을 때라도 그 상황마저 용서하고 받아들이라고 깨우쳐 줍니다. 실족할 만한 상황이 계속해서 이어질 때에 그것도 용서하라는 하나님의 말씀을 받아들이고 감사하는 사람은 이 세상에서 가장 강한 사람입니다. 화니 크로스비(F. J. Crosby) 여사처럼 말입니다.

강준민 목사의 책을 읽다가 크로스비의 이야기에 감명을 받았습니다. 크로스비는 태어난 지 8주 만에 실명하여 한평생을 시각장애인으로 살았습니다. 돌팔이 의사의 잘못된 처방 때문에 일어난 결과였습니다. 하지만 크로스비는 단 한 번도 자신의 처지를 원망하거나 실망하지 않았다고 합니다. 오히려 자신의 처지를 하나님께 감사하면서 자신에게 맡겨진 일에 최선을 다하고자 했습니다. 그녀가 이 정도의 사람이 되기까지 하나님께서 그녀에게 주신 은혜의 자취들이 전해집니다. 찬송가에 수록된 그녀의 시들입니다.

"나의 갈 길 다 가도록"

"예수를 나의 구주 삼고"

"주의 음성을 내가 들으니"

"나의 영원하신 기업"

"예수 나를 위하여"

"오 놀라운 구세주"

한국 교회의 기독교인들이 가장 즐겨 부르는 찬송가가 이 목록에 모두 들어 있습니다. 모두가 하나님 앞에서 바로 서기를 원했고, 하나님께서 다 들어 가시는 중에 그녀의 영혼이 고백한 신앙입니다. 그렇지만 그녀가 자신의 상황에 전혀 무감하게 이런 일들을 이뤄 내지는 않았습니다. 그녀도 궁금했고, 때로는 괴로웠을 것입니다. 하지만 크로스비는 다음의 고백으로 모든 것을 이겨 내었습니다.

맹인이었을 때 나는 그것이 좋은 것이라는 것을 알 수 없었습니다. 하지만 내가 맹인이 아니었다면 이 세상에서 어떻게 다른 사람들에게 도움을 주면서 살 수 있었을까 생각해 봅니다. 지금의 저는 매우 만족스럽습니다. 하늘에 계신 아버지의 선하심 안에서 그분을 향한 절대적인 믿음과 신뢰를 가질 수 있었기 때문입니다. 그리고 그분은 결코 내게 어떤 어려움도 허락하지 않으셨습니다. 내가 좋은 건강 속에서 오랫동안 살 수 있었던 이유도 모두 하나님의 은혜였습니다.
하루를 실패했을 때 나는 좌절하지 않았고 오히려 내일을 승리하려고 마음먹었습니다. 또한 내가 잘하지 못하고 일이 좋게 이루어지지 않았을 때, 나는 하나님이 더 좋은 것으로 합력하여 선을 이루어 주실 것이라고 확신했습니다. 내가 앞을 보지 못하는 것은 보는 것보다 더 위대한 일을 이루시려는 하나님의 뜻이 있었기 때문입니다. 나는 그분께 늘 감사했습니다.

비록 나에게 소중한 것은 없지만 하나님은 나에게 더 소중한 것을 주셨습니다. 그것이 그분의 뜻이며 그것이 하나님의 사명입니다. 능력의 하나님이 시력을 다시 주실 수도 있었지만 그분은 그냥 내버려 두셨습니다. 그리고 하나님이 내게 말씀하신 음성을 들었습니다.

"네가 지금 알지 못하는 것은 곧 하늘나라에서 알게 될 것이다."

일평생을 시각장애인으로 살았던 화니 크로스비 여사가 어떻게 실족할 만한 상황을 이겨 갔는지를 알게 하는 노년의 일기였습니다. 어리디 어린 나이에 요절(夭折)한 박암을 보면서 내가 이 상황을 어떻게 받아들여야 할까 생각했습니다. 하나님의 교회를 아름답게 섬기다가 더 큰 어려움에 직면한 권사님을 보며 하나님의 은혜를 느낄 수 없었습니다. 게다가 신학교에서 저로서는 도무지 이해할 수 없는 불편한 일도 있었습니다. 그러나 희락이를 대하는 윤 집사님의 독특하고 파격적인 처방과 94세의 일기로 생을 마감하신 화니 크로스비 여사의 노년의 일기를 보면서 빛을 봅니다. 실족할 만한 일이 많은 이 세상에서 우리가 가져야 할 기본적인 믿음의 태도를 배웁니다.

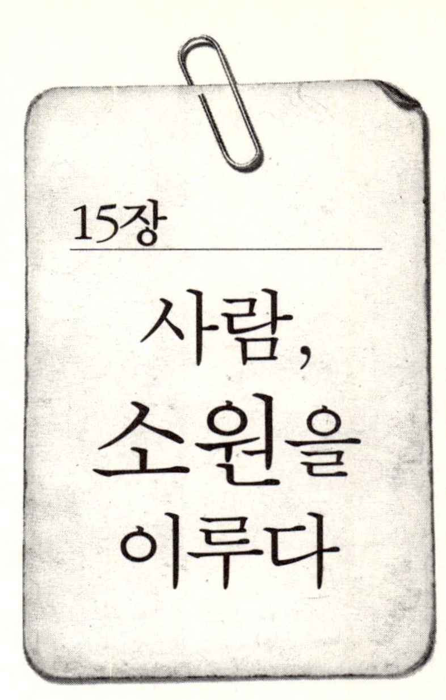

개나리의 꽃말은 '희망'이라 한다. 개나리에게 참 어울리는 꽃말이다. 한 겨울을 죽은 듯이 지나 새로운 계절의 시작에 만발하는 노란 개나리에게 희망이라는 단어보다 더 어울리는 말이 또 있을까? 이에 더하여 개나리는 나에게 더욱 특별한 의미가 있다. 그것은 신학대학교 4년의 생활 중에 맺어진 인연 때문이다.

일 년의 재수 끝에 간신히 신학대학교에 들어와 비교적 우수한 성적으로 학업을 이어 갈 수 있었지만 마음은 편하지 않았다. 왜냐하면 하나님으로부터 부르심을 받지 못한 사람이라는 열등감이 4년 내내 떠나지 않았기 때문이다. 학교에서 열심히 공부하여 나름대로 성과도 있었고, 교회에서 사역을 하면서도 보람된 일들도 많았다. 이 정도면 여러 신학생들이나 사역자들 중에서 평균은 넘겠다고 뿌듯하게 여기기도 했다. 하지만 가슴 깊이 숨겨진 어색한 마음은 없어지지 않았다. 이러나저러나 나는 하나님으로부터 허락된 사람은 아니었으니 말이다.

주변의 신학생들에게 늘 미안한 마음이 있었다. 특히 그들이 전하는 신학대학교에 올 수밖에 없었던 간증을 들을 때면 미안한 마음은 더 크게 가슴을 후벼 팠다. 그들의 입학 동기를 들으면 먼저는 '우리 하나님께서 참 바쁘셨겠다.'라는 생각이 든다. 그 다음은 미안한 마음과 열등감이 차지한다. 남 몰래 가진 송구한 마음은 신학생들을 향한 서비스가 되었다. 학교 후문에서 자취하던 터라 우리 집은 가까운 신학생들의 식당이 되었다. 많으면 열댓 명이 좁은 자취방에 들어와 라면을 끓여 먹었다. 냄비가 작아 2~3번을 나누어 먹어야 했다. 밥도 엄청 먹어 댔다.

'하나님의 부름을 받은 귀한 사람들에게 라면 정도는 내야지.'

이런 마음을 먹은 것은 그들에게 미안했기 때문이다. 하나님의 부름을 받아 나선 이들 가운데 부름 받지 못한 사람이 할 수 있는 최선의 봉사를 점심 때 라면을 대는 일로 정했다. 그래서 라면 값은 내 손으로 담당했다. 끓이는 것과 설거지도 맡기로 했다. 미안한 마음을 가진 친구들은 밥이나 반찬을 싸 오기도 했다. 간혹 라면을 사들고 문을 여는 기특한 녀석들도 있었다. 그러나 미안한 마음을 씻고 싶은 사람은 나였다.

남 몰래 가진 열등감은 하나님께 인정받기 위한 몸부림이 되었다. 더욱 치열하게 공부하고 일찍부터 교회사역에 나섰다. 하나님은 잘못된 결정을 하셨다고 하나님께 보여 드리고 싶었던 같다. 다른 이들보다 더 열심히 공부하고 더 충성스럽게 사역하면 하나님께서 뒤늦게나마 인정해 주시지 않을까 하는 마음도 있었다. 그래서 목숨을 건다는 각오로 공부하였다.

밤 10시 야간 수업을 파하면 넓은 운동장을 감싸던 스탠드에 올라 기도하였다. "내가 여기 있으니 나를 보내소서"라는 찬양 속에 하나님 앞에서 나의 존재감을 확인하고 싶었다. 그리고 후문 바로 곁에 있던 자취방에 들어가 11시경에 쪽잠을 청했다. 편히 자면 정해진 시간에 일어나기 어려우므로 일부러 불편한 잠을 청했다. 요를 깔지 않고 맨바닥에서 자거나 도무지 제 시간에 일어날 자신이 없으면 벽에 기대고 앉아 잠을 잤다. 새벽 1시에 일어났다. 그리곤 잘 이해도 되지 않는 책을 읽고 외웠다. 하루에 2시간씩을 자며 공부를 하였다. 시간을 놓쳐 늦게 일어난 적도 많았지만 시간을 지키겠다는 열의를 잃은 적이 없었다. 그만큼 절박했다.

이것이 무리가 되었다. 몸에 이상이 생긴 것을 느꼈지만 하나님께 인정받지도 못한 채 살아간다는 것은 더욱 끔찍한 일이었다. 4학년이 되자 병이 나기 시작했다. 그중에도 가장 큰 문제는 종종 정신을 잃는 것이었다. 마치 전원을 내려 TV 화면이 꺼지듯이 눈앞의 화면이 꺼지곤 했다. 그러다 한 시간 가량 지나서 깨어났다. 옆에서 놀란 친구가 졸도한 나를 업고 자취방으로 뛰어가기가 여러 번이었다. 의사 선생님의 호통이 있었다.

"그러다가 전원이 안 들어오면 그게 바로 죽는 거요. 왜 의사 말을 안 들어요?"

정신을 놓기 직전에 반드시 징조가 온다. 낌새가 오면 서둘러 집에 가서 자야 한다. 하던 공부가 아까워 한두 쪽만 더 읽고 가자고 시간을 지체하면 엄한 곳에서 쓰러지게 된다. 완전히 기억을 잃을 때도 있었고, 정신은 멀쩡한데, 몸이 말을 듣지 않는 경우도 많았다. 어느 금요일 밤, 역시나 도서관에서 졸도를 하고 말았다. 자취방까지 데려다 준 친구를 보내고 한참을 울었던 것으로 기억된다. 살고 싶지 않다는 생각에 치를 떨며 울었다. 울다 지쳐 깊고 깊은 잠에 빠져들었다.

토요일 아침이 되었다. 몸이 아주 개운하고 가벼웠다. 이런 느낌은 참 오랜만이었다. 교회에 가기 전까지 오전에는 쉬어야겠다고 생각을 했다. 김인중 목사가 쓴 『나는 행복한 전도자』라는 책을 들고 학교를 향했다. 따뜻한 봄볕을 맞으며 도서관 앞 잔디밭에 누워 책을 읽었다. 토요일 오전의 교정은 한산하고 따뜻했다. 치열한 투쟁 속에 간만에 느끼는 편안한 오전이었다. 읽던 책을 덮고, 하늘을 보았다. 파란 하늘이 참 예쁘다는 생각을 했다. 이처럼 아름다운 하늘과 정감어린 교정을 한 번도 누리지 못했다는 마음이 일어났다. 아쉬웠다. 늦게나마 쉬엄쉬엄 교정을 걷고 이 풍경을 즐기고 싶어졌다.

내가 다닌 성결대학교의 도서관은 재림관이라는 투박한 건물이다. 그곳에서 강의동인 중생관으로 가려면 제법 긴 오르막길을 올라가야 한다. 나는 지친 몸을 이끌어 느릿느릿 중생관으로 향했다. 목적을 두지 않고 걷는 느린 걸음이 매우 어색했다. 하지만 편안하다고 느꼈다. 오르막길을 따라 오른편으로 늘어선 개나리꽃들이 보였다. 그렇게 아름다운 개나리가 또 있을까? 오른편에 늘어선 개나리의 꽃망울 하나하나가 용광로에서 뿜어져 나오는 불꽃처럼 보였다. 그 불꽃들 아래로 지나가고 싶었다. 불꽃들은 꼭 나보고 자기에게로 오라고 손짓하듯 한들한들 흔들렸다. 그리고 바람에 흔들리는 그 불꽃 아래서 하나님의 또렷한 음성이 들려왔다.

"환영한다."

"환영한다."

"환영한다."

나를 환영하는 하나님의 큰 소리 아래서 소리 없는 울음이 가슴 깊은 곳에서 터져 나왔다. 중생관 건물 앞에 다다랐을 즈음엔 흘러내린 눈물에 얼굴은 범벅이 되었다. 어렵게 들어온 학교였고 힘겹게 버텨 낸 시간이었다. 입학할 때, 나에게 허락된 시간이 단 일주일인 줄 알았다. 그것이라도 감사히 다니겠다고 들어온 학교였다. 잠깐이나마 신학생 신분을 소유하게 된 것에 만족하겠다며 기도했었다. 그런데 중생관 교정에 선 나는 어느덧 4학년 졸업반이 되어 있었다. 잊고 있던 그 사실에 또 다시 감정이 북받쳐 올랐다. 들고 있던 책을 떨어뜨리고 말았다. 나는 떨어진 책이 펼쳐지면서 나타난 소제목에 완전히 무너졌다.

'하나님의 시간표'

'하나님의 시간표'라는 소제목은 지난 4년간의 시간이 나에게 무엇이었 는지 알게 하였다. 무릎을 꿇었다. 그간의 불신과 원망을 고백하였다. 그 리고 지난 시간, 나 혼자라고 원통해 하던 모든 시간에 함께하신 하나님을 알게 되었다. 하나님은 어려운 시간을 함께해 준 친구로 계셨고, 몸부림치 던 시간, 교수와 목사의 이름으로 계셨다. 그 분명한 사실 속에 나는 혼자 였던 시간이 단 한 번도 없었다는 것을 그제야 알게 되었다.

잊고 살았던 사실이 떠올랐다. 그것은 내가 하나님의 사람, 그리스도 인이라는 사실이었다. 하나님께서 이 땅에 고아처럼 내버려 두지 않겠다 고 약속하셨던 그 사람이 바로 나 자신이었다는 사실에 한참을 무릎 꿇고 감격하였다. 이처럼 하나님은 자신의 시간표 속에서 나를 만들어 가고 있 었다. 뒤늦게 다시 깨달은 이 사실은 지난 모든 눈물과 원통함을 부끄럽게 만들었다.

찬양이 터져 나왔다. 평소에 할머니 권사님들이나 좋아하는 곡이라 생 각했던 곡이었다. 축축 처지는 가사도 매력적이지 않다고 생각하던 오래 된 찬송가였다. 하지만 앞으로 나의 인생이 어떻게 전개될지 알 수 있었다. 아마 이 가사 그대로 이어질 것이다.

나의 갈 길 다가도록 예수 인도하시니

내 주 안에 있는 긍휼 어찌 의심하리요

믿음으로 사는 자는 하늘 위로 받겠네

무슨 일을 만나든지 만사형통하리라

무슨 일을 만나든지 만사형통하리라

나의 갈 길 다가도록 예수 인도하시니

어려운 일 당한 때도 족한 은혜 주시네

나는 심히 고단하고 영혼 매우 갈하나

나의 앞의 반석에서 샘물 나게 하시네

나의 앞의 반석에서 샘물 나게 하시네

나의 갈 길 다가도록 예수 인도하시니

그의 사랑 어찌 큰지 말로 할 수 없도다

성령 감화 받은 영혼 하늘나라 갈 때에

영영 부를 나의 찬송 예수 인도하셨네

영영 부를 나의 찬송 예수 인도하셨네

이 찬송가는 가장 좋아하는 노래가 되었다. 내가 평생에 부를 노래가 되었다. 그리고 문득 알게 되었다. 중풍병으로 쓰러지셨고 지금은 하늘나라로 가신 권사님이 이 찬송으로 무엇을 힘쓰고 계셨는지 느끼게 되었다. 그것은 하나님과의 동행이었다. 동행하셨는지, 동행하려고 애를 쓰셨는지 알 수는 없다. 그러나 그분이 바라보셨던 것은 동행이다. 그 동행의 시간

206

속에서 권사님처럼 나도 더 나은 그리스도를 고백할 것이다. 그 고백 속에서 나는 완전한 그리스도인으로 다듬어질 것이다. 이 세상 모든 것에서 자유하게 하는 그리스도를 누릴 것이다. 크로스비 여사나 나의 어머니도 그렇게 만들어졌을 것이다.

나는 그리스도인이다. 어떤 말로 스스로를 규정한다는 것은 매우 조심스러운 일이다. 특히 그것이 한 인간으로 살고 있는 나 자신의 정체성에 대한 것이라면 더더욱 그러하다. 이제 그리스도인이라는 울타리는 이 세상에 대해서 가지는 나의 구별이며, 세상으로부터 자유로운 자존심이 되었다.

나는 나를 이렇게 규정한다.

"호모 크리스챤니쿠스(Homo Christianicus)."

그렇다! 나는 그리스도를 위하여 그리스도에 의해서 살아가는 그리스도의 사람, 호모 크리스챠니쿠스이다. 하나님은 지난 어린 시절부터 나로 하여금 이 말을 깨닫게 하려고, 이 말에 걸맞게 살게 하려고 자신의 시간표에 따라 이끌어 오셨다. 하나님은 늘 그곳에 계셨고, 지금 이곳에 계시며, 앞으로 거기에 계실 것이다. 그곳에서 나를 기다리신다. 이것이 내가 가지고 있는 나의 희망이다. 개나리를 볼 때마다 그런 생각이 든다. 그래서 나에게 개나리는 희망이라는 꽃말과 함께 환영이라는 뜻이 함께 너울거린다. 개나리는 희망이며 환영이다. 나보다 먼저 가 계신 하나님이 보내는 "어서 오라!"는 희망의 손짓이다.

유아 시절부터 지금까지 하나님은 멈추지 않으셨고, 앞으로도 멈추지 않으실 것이다. 때때로 하나님의 시간표 안에서 답답하고 힘겨울 때도 있었다. 나를 다루시는 하나님에 대해서 미숙했기 때문이다. 그러나 그것이 나의 마지막 모습은 아니었다. 나는 진보했다. 나는 지금도 영적인 진보를 이어 간다. 나의 진보에는 항상 하나님이 함께하신다.

지금도 나 자신을 되돌아볼 때면 한심스러운 것이 한둘이 아니다. 하지만 기대한다. 하나님의 이어질 시간표 안에서 내가 어떤 크리스챠니쿠스로 진보해 갈지 모르기 때문이다. 그곳에 나의 마지막 희망이 자라고 있다. 매년 찾아오는 개나리처럼 이 일은 매시간 반복될 것이다. 하나님이 멈추지 않으실 것을 알기에 더더욱 기대가 된다.

하나님 덕분에 나는 더 좋은 호모 크리스챠니쿠스를 꿈꾸게 되었다. 누구나 겪을 법하지만 나에게는 너무나 특별했던 지난 추억들은 나를 만들어 가시는 하나님의 독특한 섭리이다. 그 일이 멈추어지지 않는 한 미숙아 같은 자신이라도 무엇이 걱정인가? 하나님이 멈추지 않으시면 지금 나

의 모습은 나의 마지막 모습이 아니다. 하나님은 나를 올곧은 호모 크리스

챠니쿠스로 만드시고, 살게 하시려고 지금도 열심히 일하고 계신다.

하나님은 사람을 다루는 데 참 능수능란한 분이십니다. 저도 이런 표현이 하나님께 경솔하다는 것을 압니다. 하지만 정말 그렇게 느껴지는 데는 도리가 없습니다. 저를 이리 치고 저리 쳐서 만들어 오시는 지난 일들을 생각하면 고개가 설레설레 흔들어집니다. 저처럼 고집 없고, 허허실실 대는 것 같아도 속으로는 남모를 아집을 가진 사람은 다루기가 더 어렵습니다. 저 같은 인간도 하나님의 일련의 손길 아래서 영락없이 길들여지고 있습니다. 그래서 지금은 '어떻게 더 드릴까? 어떻게 하면 하나님이 더 기뻐하실까'를 고민하며 삽니다. 이런 생각을 저의 기쁨과 보람으로 알고 살게 되었습니다. 하나님은 참으로 무서운 분입니다.

그런데 더 큰 문제는 이런 무서운 분을 많은 분들께 소개하고 싶다는 사실입니다. 여러분은 어떤 하나님을 알고 계십니까? 그 하나님은 여러분을 어떻게 만들어 오셨습니까? 아무리 버티고 용을 써 보아도 결국 하나님의 뜻대로 될 것입니다. 그래서 감히 다음의 조언을 드리겠습니다.

"괜한 고집으로 시간 죽이지 마시고 그냥 하나님께서 하자는 대로 하십시오. 하나님께서 하자는 대로 마음이라도 편히 삽시다. 그분이 질 것 같습니까?"

영문학을 전공하시는 분이 보면 어떻게 생각하실지 모르지만 저는 이렇게 알고 있습니다. 영어 단어 중에 '믿는다'는 뜻의 단어로 believe와 faith가 있습니다. 둘 다 믿음을 이야기하고 있지만 성격은 아주 다르다고 합니다. believe는 스스로의 의지를 가지고 믿는 것을 말하고, faith는 본인의 의사와는 상관없이 하늘로부터 주어는 믿음이라고 합니다. 이러한 설명의 뉘앙스에는 believe보다 faith가 더 훌륭하고 좋은 것이라는 뜻이 숨겨져 있습니다. 이 말도 일리가 있지만 저는 believe도 무지하게 사랑합니다. 왜냐하면 대부분의 faith는 believe의 토양 위에서 주어질 것이라는 생각 때문입니다.

성경에도 그런 경우가 종종 나옵니다. 대표적인 예가 사도 바울입니다. 빌립보서는 사도 바울이 로마의 감옥에 갇혀 있을 때 쓴 편지라고 해서 '옥중서신(獄中書信)'이라고 합니다. 감옥에 갇힌 자신에게 선교비를 보내온 빌립보교회의 교인들에게 감사의 답례를 하고, 빌립보교회의 몇 가지 문제들에 대해 조언을 하기 위해서 쓴 편지입니다.

빌립보서에 보면 감옥에 갇혀 있는 자신의 처지에 대한 바울의 믿음(believe)이 나옵니다.

"이것이 너희의 간구와 예수 그리스도의 성령의 도우심으로 나를 구원에 이르게 할 줄 아는 고로."(빌 1:19)

그는 자신의 석방을 확신합니다. 디모데를 빌립보교회에 보내면서 자신도 곧 뒤따라가 빌립보 교인들과 함께 살 것을 확신합니다. 더 살아야 하는 목적도 분명합니다.

"내가 살 것과 너희 믿음의 진보와 기쁨을 위하여 너희 무리와 함께 거할 이것을 확실히 아노니 내가 다시 너희와 같이 있음으로 그리스도 예수 안에서 너희 자랑이 나로 말미암아 풍성하게 하려 함이라."(빌 1:25-26)

이것이 바로 바울의 믿음(believe)이었습니다. 그런데 바울은 풀려나지 못하고 로마 감옥에서 참수(斬首)를 당하고 맙니다. 빌립보 교인들과 함께

하겠다는 믿음은 이루어지지 못했습니다. 사실 바울이 로마 감옥까지 오게 된 원인이 되었던 예루살렘의 입성하기 전부터 하나님은 은근히 바울을 말리셨습니다. 그래서 바울의 제자들과 아가보 같은 예언자를 통해서 바울이 장차 어떻게 될 것을 보여 주셨습니다(행 21:4, 10-12). 이에 대한 바울의 고백은 다음과 같습니다.

"바울이 대답하되 여러분이 어찌하여 울어 내 마음을 상하게 하느냐 나는 주 예수의 이름을 위하여 결박당할 뿐 아니라 예루살렘에서 죽을 것도 각오하였노라 하니."(행 21:13)

그리스도 예수의 사도인 바울이라 할지라도 모든 것을 알고, 모든 것을 바르게 판단하며 살지는 못했습니다. 다만 바울에게는 삶의 분명한 원칙이 있었습니다. 그것은 무엇이 하나님과 하나님의 나라에 더욱 유익한가를 따지는 것입니다. 그 원칙 아래에서 판단이 서면 자신의 믿음(believe)을 그 사명에 고정시키고 살았습니다. 하나님은 이런 바울의 믿음(believe) 위에 믿음(faith)을 부어 주셨고 죽음의 순간까지 바울을 지켜 주셨습니다.

빌립보서에 나타나는 바울의 믿음과 착오가 제게 크게 들리는 이유는 신학대학교에 가고자 하는 저의 소원이 바울의 처음 믿음(believe)처럼 느껴지기 때문입니다. 그러나 저에 대해서 능수능란하신 하나님은 마치 희망 고문을 하듯이 저를 다루었습니다. 불편하고 어려운 마음 가운데서 신학생으로 살게 하셨습니다. 그래서 제가 서 있는 자리의 소중함을 익히게 하셨고, 제가 하고 있는 일에 인생을 걸도록 인도하셨습니다.

하나님의 방법은 정확히 적중하였습니다. 너무나 소중하게 여기던 그 시간 안에서 저는 더욱 치열하게 살 수밖에 없었습니다. 그리고 그 시간 안에서 저는 만들어지고 길들여져 갔습니다. 그런 시간이 제게 없었다면 어떻게 지내왔을까 생각하면 가슴이 철렁 내려앉습니다.

저는 여전히 제 주변의 일들을 정확하게 판단하지 못하고, 명확한 하나님의 뜻을 알지 못한 채 살아갑니다. 하지만 나의 삶을 하나님께 드리겠다는 한 가지 기준 위에서 저의 믿음을 고정시키며 살 것입니다. 그것이 가장 좋고 제일 기쁘기 때문입니다. 저는 어느덧 이렇게 길들여져 버렸답니다.

"나를 그린 것은 혼자일 때가 많았기 대문이고, 내가 가장 잘 아는 소재가 나였기 때문이다."

이 말을 하신 헤이든 헤레라(Hayden Herrera)가 누구인지 잘 모릅니다. 하지만 그가 했다는 이 말은 진정 사실입니다. 그래서 이 책은 제가 경험한 이야기를 하나님과 하나님께서 보내신 사람들을 중심으로 풀어냈습니다. 저는 이 모든 이야기가 저를 위한 우리 하나님의 독특한 창의력과 섭리라고 믿습니다.

모든 사람은 주어진 시간을 살아갑니다. 삶을 이어 가면서 다른 사람들과 그 사람들을 있게 하였다고 믿는 하나님을 체험합니다. 다른 이들을 경험하는 사건들을 우연이라고 밀어 두지 않고, 모든 것을 조화롭게 하시던 하나님의 섭리를 인정하면 그 모든 시간과 만남 속에 숨겨진 가치를 발견할 것입니다.

　제가 한때 애증을 가졌던 유명한 소설가 이문열 씨는 그의 책 『시대와
의 불화』에서 인생을 "결국은 홀로 걷는 외길"이라 했습니다. 외길 위에 선
자의 노곤함과 쓸쓸함을 이야기했습니다. 그 내용을 읽고 가슴이 시리도
록 공감한 적이 있었습니다. 그러나 그 책을 접한 지 10년이 지난 지금, 인
생은 홀로 걷는 외길이라는 말에 동의하지 않습니다. 여전히 노곤함과 쓸
쓸함은 가슴에 와 닿지만, 최소한 저의 인생이 홀로 걷는 외길은 아니었기
때문입니다. 내 인생이 홀로 외길이었다고 말하기에는 그 많은 깍두기들
과의 충돌과 스쳐 간 자욱들이 너무나 깊은 흔적으로 남아 있습니다. 하나
님과 그의 보내신 자들 속에서 지칠 정도로 부대끼며 살았습니다.

　이제 어렴풋이 느낍니다. 앞으로도 저는 외길에서 여러 사람들을 만나
나눠 가진 흔적을 반복하면서 둥글게 만들어질 것을 말입니다. 그리고 그
모든 일들은 섭리라는 단어 안에서 이해가 됩니다. 그 섭리 안에서 "내가
너희와 항상 함께 있으리라."는 임마누엘의 약속이 선명하게 느껴집니다.
예수님은 그 깍두기들 속에 계셨습니다. 인생은 그 많은 만남과 헤어짐의
부산한 자취임이 분명합니다.

　이 책에 등장하는 분들보다 더 많은 깍두기들이 이 책 바깥에 있습니
다. 그 깍두기들 중에는 그리스도인들도 계시고 그렇지 않은 이들도 계십
니다. 얼굴을 맞대고 침을 튀어 가며 이야기를 나눈 이들도 계시고, 일면
식조차 없는 분들도 많습니다. 더 많은 분들을 책으로 만났기 때문입니다.
가장 최근의 예만 들어도 진중권 씨의 『호모 코레아니쿠스』는 교회를 다
니지 않거나 기독교 신앙의 이야기에 익숙하지 않는 분들이 읽을 수 있는
신앙서적을 쓰고 싶던 제게 제목의 힌트를 주었습니다. 사실 호모 크리스
챠니쿠스란 그리스도인의 다른 이름일 뿐입니다. 그리고 이재철 목사님의

『매듭짓기』, 『인간의 일생』 등의 책들은 제가 살고 있는 시간을 한발 비켜서서 생각해 볼 기회를 주셨습니다. 김두식 씨의 『교회 속의 세상, 세상 속의 교회』는 교회를 부둥켜안고 울고 있는 한 평신도의 고민 속에 한 목사로서의 각오를 다시 다지게 하였고, 역시 교회 안에서 교회를 안고 고민하는 오대식 목사님도 『골리앗 같은 세상에서 다윗처럼 살기』라는 책에서 만났습니다.

이분들은 무명의 제가 누군지, 어디서 무엇을 하며 사는 사람인지 모릅니다. 그러나 우리 모두를 아시는 하나님은 2010년 대한민국이라는 원심기에서 마주치게 하셨고, 스쳐가는 깍두기가 되게 하셨습니다. 이 책에 등장하던 분들도 마찬가지입니다. 친구, 스승, 부모 심지어는 유조차 한 대까지도 삐뚤빼뚤하고 엉성하기 짝이 없는 못난이가 정해진 한 곳에 박혀 정한 몫을 담당하며 살게 하는 데 쓰였습니다.

이렇게 저렇게 부대끼며 사는 사이 하나님은 저를 만들어 가십니다. 아마 무작정 만들진 않으시겠지요. 기대하는 모양이 있을 것입니다. 특정한 목적을 두고 만들어 가는 것을 우리는 '길들인다'고 말합니다. 하나님은 저를 길들이고 계셨습니다. 저는 앙투앙 드 생텍쥐베리의 책 『어린 왕자』를 좋아합니다. 그 책의 백미는 뭐니 뭐니 해도 어린 왕자와 여우의 대화가 아닐까 생각합니다. 특히 어린 왕자가 여우에게 친구가 될 것을 청하고 여우에게 거절당하는 장면이 기억에 남습니다. 그때 여우의 답이 이렇습니다.

"난 너와 놀 수 없어. 난 길들여지지 않았거든."

"길들여진다는 게 무슨 뜻이니?"

"그건 너무나 자주 소홀히 다루어지는 행위야. 관계를 맺는다는 뜻이지."

"관계를 맺는다고?"

그리곤 여우의 설명이 이어집니다.

"넌 아직도 나에게는 수십만 명의 다른 소년들과 다를 바 없는 작은 소년일 뿐이야. 난 네가 필요 없고, 네 쪽에서 보면 네겐 내가 필요 없지. 네게 난 수십만 마리의 다른 여우와 다를 바 없는 한 마리 여우일 뿐이야. 하지만 네가 나를 길들이면, 우린 서로를 필요로 하게 되지. 나에게 넌 세상에서 유일한 존재가 되고, 나 역시 네게 세상에서 유일한 존재가 되는 거야."

하나님은 수많은 깍두기들 틈에서 그리스도인들을 길들여 가십니다. 그러면서 우리 한 사람 한 사람과 예수 그리스도로 특별한 관계를 맺고 싶어 하십니다.

인간을 규정하는 여러 개념들이 있습니다. 놀이하는 인간이라는 호모 루덴스(Homo Ludens), 이성적 사고를 하는 인간의 호모 사피엔스(Homo sapiens), 정치하는 인간이라는 호모 폴리티쿠스(Homo Politicus), 동성애를 혐오하는 인간본성을 뜻하는 호모 포비아(Homo Phobia) 등등입니다. 예로부터 인간이 가지는 고유한 특질을 가지고 인간을 규정하고자 하는 노력이 있어 왔습니다. 나름대로 말이 되고 이해도 되는 것으로 보아 적절한 개념들입니다. 하지만 이 개념들 가운데 꼭 있었으면 하는 말 하나를 슬그머니 집어넣고 싶습니다. 그것은 '호모 크리스챠니쿠스'입니다.

저는 호모 크리스챠니쿠스를 예수 그리스도에 의해서 새로 태어나 하나님께 길들여져 가는 인간이라고 규정하고 싶습니다. 호모 크리스챠니쿠스는 다른 개념들과 차이점이 있습니다. 다른 개념들은 원래부터 인간에 심겨져 있는 본성에 대한 분석이라면, 호모 크리스챠니쿠스에는 원래 인간에게 없었던 새로운 본성을 습득해 가는 성장의 개념이 있다는 것입니다. 더 정확하게 표현하면 본래는 있었으나 잃어버렸던 하나님의 형상, 그 것을 되찾아 가는 것입니다. 되찾아 가는 과정을 길들여진다고 말하고 싶습니다.

모든 그리스도인은 특별한 계기를 통해서 반강제적으로 신앙인이 되고, 저마다 개인적으로 그리스도인의 도습을 완성하기 위해서 최선을 다하는 사람들입니다. 그리고 이 사람들을 불러 모아 길들여 가시는 하나님의 독특하거나 일상적인 방법이 섭리라는 이름으로 더해질 것입니다. 이는 타락한 인간에게 완전히 사라졌던 원래적인 본성의 회복, 하나님에 의해 살고 하나님을 위해 사는 인간으로 성장시키는 것이 목표입니다.

저는 모든 사람들이 호모 크리스챠니쿠스가 되는 것이 하나님의 명확한 뜻이자 특별한 초대라고 확신합니다. 하나님께서는 제게도 이 목표를 완성하기 위해서 안팎으로 열심히 일하셨습니다. 각종 깍두기들을 동원하셨고, 저를 깍두기로도 사용하셨습니다. 그 원심기 안에서 저는 하나님께 잘 길들여진 사람으로 만들어질 것입니다.

우리나라 최고의 개라면 역시 진돗개일 것입니다. 얼마 전 신문에서 진돗개가 미국 경찰청의 경찰견으로 쓰이지 못하게 되었다는 기사를 읽었습니다. 그동안 군견이나 경견으로 사용되는 개는 주로 세퍼드 같은 외국개였습니다. 무시무시한 세퍼드를 보면서 그렇게 똑똑하고 충성스럽다는 최고의 개 진돗개가 왜 군견으로 쓰지 않을까 생각한 적이 있습니다. 외모가 세퍼드처럼 강렬하지 않아서인지, 너무 덩치가 작아서인지 이유를 알 수 없었습니다. 이런 의문은 잊혀졌다가도 진돗개가 최고라는 일련의 칭찬 릴레이가 쏟아질 때마다 되살아나곤 했습니다.

어느 날 한 지인으로부터 진돗개가 군견이 되지 못하는 이유를 들었습니다. 그것은 진돗개가 주인을 바꿀 줄 모르기 때문이라 했습니다. 진돗개는 처음으로 자신을 길들이고 주인으로 인정한 사람을 끝까지 따른다고 합니다. 그래서 군대의 특성상 자신의 주인이 전역을 하거나 다른 곳으로 발령이 되어도 자신을 길들인 첫 주인을 잊지 못해서 새로 부임한 주인에게 충성하지 못한다고 합니다. 이 이야기를 들으면서 예전에 신문기사 등에서 다른 지역에 팔려간 진돗개가 며칠을 걸어 옛 주인에게 돌아왔다는 미담을 읽은 기억이 났습니다.

길들여진다는 것 그리고 주변의 것에 유혹받지 않고 주인에게 충성을 다하는 진돗개를 보며 나의 주인이신 하나님을 생각했습니다. 나의 하나님은 제게 진돗개만큼의 충성도 받지 못하고 계시다는 생각에 낯이 부끄럽고 서글퍼집니다. 저는 진돗개만도 못해서 실컷 길들여 놓아도 다른 것에 눈길을 돌리거나, 마음을 빼앗기는 일이 너무 잦습니다. 그럴 때 깍두기들이 힘을 발휘합니다. 그들과의 희로애락 가운데 저의 자리를 기억하게 되기 때문입니다. 그래서 제가 하나님께 제일 많이 한 일은 되돌아오는 일이고 다시 시작하는 일이 되었습니다.

교회에서는 대부분의 일들을 하나님의 은혜라고 이야기합니다. 어렸을 때에는 이 말이 무슨 뜻인지 몰랐습니다. 알지도 못하면서 무작정 하나님의 은혜라고 표현하는 것에 막연한 반감도 들었습니다. 그러나 신앙의 연륜을 더해 갈수록, 형편없는 제 자신을 확인할수록, 하나님의 은혜라는 말이 가까이 다가옵니다. 하나님의 은혜만이 제가 바라볼 유일한 희망이 되기 때문입니다. 그 은혜 가운데 제가 자라고 만들어질 기회를 다시 얻습니다. 그래서 제 주변에 계시던 모든 깍두기 되셨던 분들과 같이 저 역시 다음의 말로 소망을 가집니다.

"지금 나의 모습은 하나님께서 기억하실 나의 마지막 모습이 아니다."

제가 감히 이런 말을 할 수 있는 것은 나의 주인 하나님께서는 그 바쁜 와중에도 저를 만들어 가시고 길들여 가시리라 믿기 때문입니다. 프롤로그에서 예수님을 부인하던 베드로에 대한 이야기를 했습니다. 그때의 장면을 상상할 때마다 몹시 궁금한 것이 있습니다. 그것은 '베드로를 바라보시던 예수님의 눈빛이 과연 어땠을까?' 하는 것입니다. 아마 자신을 부인하던 베드로를 바라보시던 예수님의 눈길은 원망과 실망에 가득한 눈이 아니었을 것입니다. 예수님은 비록 지금은 어린 소녀의 지적에도 황급히 자신을 부인하고 저주하는 베드로를 보고 계시지만 이후에 자신을 위해서 십자가에 거꾸로 못 박혀 죽을 베드로도 아시기 때문입니다. 그래서 지금의 실망스러운 모습에도 조금만 참고 이겨 낼 것을 응원하시는 애처로운 눈빛이었을 것이라 믿습니다.

우리 하나님은 그런 눈빛으로 저를 바라보시고 제 주변의 각두기들도 보고 계실 것입니다. 하나님은 저마다 잘 길들여지고 다듬어진 모습으로 넉넉히 제 몫을 다하는 완성된 모습을 모두 아시기 때문입니다. 하나님은 모두가 완성된 호모 크리스챠니쿠스가 되었을 때에 어떤 사람이 될 것을 알고 계십니다.

저 역시 그렇게 완성되기를 바라면서 오늘도 저를 만들어 가실 하나님께 나 자신을 내어놓습니다. 그리고 나중에 바울처럼 자신이 있게 말하고 싶습니다.

"나의 나 된 것은 주의 은혜입니다."

지금 이 말을 남발하면 하나님께 영광을 돌리기는커녕 오히려 욕보일 것 같아서 지금은 자신 있게 말하지 못하겠습니다. 물론 못난 모습을 통해서도 하나님께 영광을 돌릴 방법이 없는 것은 아닙니다. 하지만 이왕에 하나님의 자녀가 되었으면 효자이고 싶습니다.

지금 나의 모습은 나의 마지막 모습이 아닙니다. 하나님은 지금도 여러 각두기들 속에서 열심히 일하고 계시기 때문입니다. 하나님은 나의 마지막 완성품을 알고 계십니다. 그러니 실망하지 않겠습니다. 이 사실은 모든 사람들이 나눠 가진 희망입니다.

저는 오늘을 기대합니다. "우리 하나님이 오늘은 어떤 각두기들을 만나게 하실까?" 하고 말입니다. 그 사람들은 서로를 둥글게 만들어 갈 귀한 사람들이요, 하나님이 돌리시는 시간의 원심기에서 만난 인생의 동행들입니다. 귀한 사람들을 귀하게 대접하며 오늘의 평범한 일상을 소중히 살겠습니다.